dtv

Das Wesen des »gemeinen Deutschen« ist berüchtigt. Vorruhestand, Schwangerschaftsgymnastik (besonders für Männer), Meerschweinchen, ruppige Kinder, Arztbesuche, Hochzeitstage, Probleme mit dem Videorecorder, Mülltrennung, Kneipenbesuche, Verkehrsstaus, Aktienspekulationen, Eheprüfungsbeamte, Musikantenstadl, Lebensmittelskandale und neue Nachbarn halten ihn ständig auf Trab. Und dieser Scheibner ist auch so einer. Nie gibt er Ruhe. Da fährt er Jahr für Jahr übers Land und hetzt mit seinen Geschichten die Leute auf. Erzählt ihnen, wie's bei ihnen zu Hause ist, als ob sie das nicht selbst wüßten! Und die Leute lachen auch noch! – Zwei Dutzend satirische Geschichten, Gedichte und Glossen von einem Meister des rabenschwarzen Humors.

Hans Scheibner wurde am 27. August 1936 in Hamburg geboren, ist gelernter Verlagskaufmann, Journalist, Texter und Liedermacher. Bekannt wurde er u. a. durch seine satirische Fernsehsendung ›Scheibnerweise‹. Er lebt in Hamburg, wenn er nicht gerade mit seiner neuen Show unterwegs ist.

Hans Scheibner

Wer zuletzt lacht,
macht das Licht aus

Deutscher Taschenbuch Verlag

Von Hans Scheibner
ist im Deutschen Taschenbuch Verlag erschienen:
Der Weihnachtsmann in Nöten (25036)

Originalausgabe
Dezember 2001
© 2001 Deutscher Taschenbuch Verlag GmbH & Co. KG,
München
www.dtv.de
Umschlagkonzept: Balk & Brumshagen
Umschlagbild: Michael Sowa
Satz: Fotosatz Reinhard Amann, Aichstetten
Gesetzt aus der Stempel Garamond 10/12·
Druck und Bindung: Druckerei C. H. Beck,
Nördlingen
Gedruckt auf säurefreiem, chlorfrei gebleichtem Papier
Printed in Germany · ISBN 3-423-20478-8

Inhalt

… ein Deutscher zu sein

Kennst du das Land, wo das Heimatlied blüht?
Wo die Herzbuben schleichen ins schlichte Gemüt?
Ja, kennst du das Land, wo sie glückselig sind,
wenn's Musikantenstadl im Fernsehn beginnt?
Wenn dann Heino noch singt, fällt mir garantiert ein:
Ich bin ja so stolz, ein Deutscher zu sein!

Kennst du das Land, wo man Sauerkraut frißt
und mit seinem Auto verheiratet ist?
Wo man glaubt, was in der BILD-Zeitung steht,
und zum Lachen am besten in den Keller geht?
Wo ein Mensch nur ein Mensch ist im Kegelverein?
Ich bin ja so stolz, ein Deutscher zu sein!

Kennst du das Land, das die Harke erfand?
Tritt nie aufs Geharkte im deutschen Land!
Weil darin der Deutsche kein Spaß versteht:
Ins Zuchthaus gehört, wer sein Rasen nicht mäht!
Wer die Füße nicht abtritt, der kommt hier nicht rein:
Ich bin ja so stolz, ein Deutscher zu sein!

Kennst du das Land, aus dem kommt der Tourist,
der im Ausland so unerhört fröhlich ist?
Am Eiffelturm singt er und kann nicht mehr stehn:
Warum ist es am Rhein, ja am Rhein so schön?
Im Trainingsanzug – ein Anblick zum Schrein:
Ich bin ja so stolz, ein Deutscher zu sein!

Hermann und Hermine:
Rauchen und Trinken

Beide sitzen auf dem Sofa. Hermann raucht Pfeife.

HERMINE *(ärgerlich)* Du immer mit deinem Gequalme.

HERMANN Das brauch ich nun mal. Ich mecker ja auch nicht, wenn du deinen Rotwein trinkst.

HERMINE Ja, Rotwein trinkst du ja außerdem noch!

HERMANN Na, und? Du kannst ja von mir aus auch ne Pfeife rauchen. Soll ich dir eine leihn?

HERMINE Rotwein ist gesund. Ich hab gelesen: drei Gläser Rotwein am Tag, dann stirbt man nicht am Herzinfarkt. Aber nur wenn man nicht raucht.

HERMANN Und ich hab gelesen: Wer raucht, bleibt wach im Kopf und kriegt kein Alzheimer.

HERMINE Und was nützt es einem, wenn er wach im Kopf ist und stirbt an Herzinfarkt?

HERMANN Und was nützt das, wenn man länger lebt und weiß das gar nicht?

Alfred Blohm

Und eines Tags Herr Alfred Blohm,
da war er vierundfünfzig schon
(zwei Kriege, Garten, Frau und Sohn),
als er im Zug auf Reisen war,
im D-Zug Bonn–Köln–Altona,
es überkam ihn einfach da,
daß er die Nothandbremse sah
und daß ihr Anblick ihn bewog,
daß er sie zog.

Gekreisch von Frauen. Sturzgepäcke.
Ein D-Zug hält auf freier Strecke.
Tumult. Was hier… Von wem … Wer sich
erlaubt …? Herr Blohm, sehr ruhig: Ich.
Und steht, ein Mann, nicht wankend, da
im D-Zug Bonn–Köln–Altona.
Wieso? Was ihn …? Warum er zog?!!
»Weils mich bewog.«

Und manchmal nachts Herr Alfred Blohm,
er ist jetzt vierundsechzig schon
(zwei Kriege, Witwer, bald Pension),
Herr Alfred Blohm lacht still für sich
und steht im Bett auf und sagt:
Ich.

Kinderkriegen

Ich hab alle meine vier Töchter persönlich zur Welt gebracht. Das muß man heutzutage. Man kann sich ja überhaupt nicht mehr im Freundeskreis sehen lassen, wenn man nicht selbst dabei ist. Wenn mein Vater das wüßte. Meine Güte – im Krankenhaus sind die armen Väter damals wie die Tiger auf dem Flur hin- und hergelaufen, mitleidig belächelt von den vorbeisausenden Hebammen. Oder sie haben die Frau schreien hören aus dem Kreißsaal oder sogar zu Hause aus dem Schlafzimmer. Aber ohnmächtig mußten sie draußenbleiben und sich besaufen. Männer waren arme Würstchen während der Geburt.

Aber heute. Wer von Ihnen, meine Herren, war etwa noch nicht bei der Schwangerschaftsgymnastik dabei? Einatmen, ausatmen – gaaanz ruhig bleiben. Zwerchfellstütze und jetzt pressen, pressen, pressen! Kennen wir alle, nicht wahr. Es ist einfach ein Irrtum der Natur, daß die Frau noch immer das Kind kriegt. Rein vom sportlichen Gesichtspunkt – ist der Mann auch darin einfach besser. Der Mann ist ja viel ruhiger bei der Geburt. Schreit nicht rum, gibt gute Ratschläge, atmet korrekt, drückt und preßt mit und ist absolut cool – während die Frau immer kurz davor ist, alles noch im letzten Augenblick zu verpfuschen. Warum sind Frauen so aufgeregt, so unruhig bei der Geburt? Obwohl, da gibt's natürlich auch wieder Unterschiede. Unser Nachbar Semmelfinger zum Beispiel – ich werde das nie vergessen. Vor zwei Jahren – als ich meine Jüngste zur Welt brachte – kriegte er seinen Jungen. Wie's so kommt, treffen wir uns im Park – beide mit den vier

Wochen alten Säuglingen im Wagen. Und ich natürlich mit Recht etwas stolz, weil – Frederike war eine Beckenendlage gewesen, nicht wahr. Das ist ja schließlich was. Ich berichte meinem Nachbarn davon. Können Sie sich wohl vorstellen, sag ich, was uns da rein atemtechnisch abverlangt wurde. Da sagt doch dieser Ignorant: Beckenendlage sei heute doch, rein psychoprohylaktisch gesehen, überhaupt keine Schwierigkeit. Dabei konnte er überhaupt nicht mitreden – er hatte nämlich einen absolut glatten Durchgang. Hat er ja selber erzählt: vom Hochziehen der Cervix bis zur eigentlichen Eröffnungsphase nur vier Stunden. Das ist doch kaum der Rede wert. Aber er wirft sich in die Brust: Ich hatte nämlich einen Kaiserschnitt. Ich sag: Wie bitte? Einen Kaiserschnitt bei Schädellage? Sowas hat doch die Welt noch nicht gehört. Haben Sie in der Autowerkstatt entbunden, sag ich, oder wo? Da fängt er an: Es war ja gar keine Schädellage, sondern eine Querlage. Er hätte eine Querlage gehabt und zwar kurz vor der ersten Kontraktion. Da war mir natürlich alles klar. Ich sage: Was haben Sie denn für psychoprophylaktische Atemübungen gemacht, wie? Anders kann es doch zu so einer Abnormität überhaupt nicht kommen. Sie haben einfach falsch geatmet. Wahrscheinlich statt lang-kurz-lang-kurz und fuuiiiit, lang-kurz-lang-kurz und fuuiiiit, müssen Sie ja schon die ganze Zeit vor der ersten Kontraktion fuitttt-fuitttt-fuitttt kurz-kurz-kurz geatmet haben. Das ist doch Ihre eigene Schuld. Aber Kritik konnte er natürlich nicht vertragen. Er hätte es nicht nötig, mit dem Ehemann einer Primapara über Hyperventilation und die Prophylaxe einer Hinterhauptslage zu diskutieren. Im übrigen hätte ich ja eine PDA-Geburt gehabt – und PDA-Geburten sind gar keine. Da fehlt das Existenz-Urerlebnis, das Zurückgeworfensein auf die initiale Lebenszündung. Muß ich mir denn sowas von einem Kaiserschnitt sagen lassen?

Von einem Kaiserschnitt! Ich sage: Ihr Fötus konnte ja praktisch weiterschlafen, und das wird er auch das ganze Leben, weil ihm das Urangsterlebnis vollkommen fehlt, welches ganz allein durch die extrem enge Tunnelröhre zwischen Symphyse und Promontorium verursacht wird. Da war dieser Semmelfinger so wütend, daß er ausfallend wurde. Das reicht jetzt! Mir seien wahrscheinlich in der Preßwehenphase einige Äderchen im Gehirn geplatzt. Stellen Sie sich das mal vor! Sie Pluri-Para-Pavian, schreit er mich an und schiebt mit seinem Erzeugnis davon.

Ich hab nur zu meiner Rieke gesagt, also zu meinem Säugling da im Wagen: Kaiserschnitt bei Beckenendlage, sage ich – und will uns was über Atemtechnik erzählen. Keine Ahnung vom Kinderkriegen!

Schwein und Meerschwein

Ein Schwein von rund
sechshundert Pfund
begegnete einmal
in einem verräucherten Schweinelokal,
wo die Bierchen flossen und Weinchen,
einem Meerschweinchen.

Ich heiße Schwein, sagte das Schwein.
Und wie heißt du, Freundchen?

Ich heiße Meerschweinchen.
Hoho, das kann wohl nicht sein,
grunzte das Schwein.

Du kannst doch nicht mehr Schweinchen heißen
als ich. Und das kann ich beweisen.
Denn ich wiege rund
sechshundert Pfund.
Und du bist so winzig und klein
und viel weniger Schwein.

Nein, Meerschwein, sagte das Meerschwein.
Und dann hörte man sie hin- und herschrein.
Schwein! Meerschwein! Viel mehr, mehr Schwein!

Und das Schwein
schnappte ein.
Und ist wutentbrannt
aus der Kneipe gerannt.

Aber das Meerschweinchen
trank noch einige Weinchen
und lallte dann: Irgendwas kann da nicht stimmen:
Meerschweinchen bin ich – und kann gar nicht schwimmen.

Frühpension

*Pensionierter Beamter Walter Kramer kommt mit Küchen-
schürze aus der Küche, setzt sich auf einen Stuhl und schält
Kartoffeln. Spricht zuerst zurück zur Küche, dann mehr und
mehr zu sich selbst:*

Das hab ich nun davon, Else. Ich bin immer so kaputt und hab
Herzschmerzen. Und andauernd muß ich für dich arbeiten.
Nur weil du mich immer aufgehetzt hast: »Sechzig Prozent
aller Beamten gehen in Frühpension. Das mußt du auch machen.« Ja, wie soll ich das denn machen, Else, hab ich gesagt.
Und du immer: »Geh einfach hin zu deinem Amtsarzt und
laß dir absolute Leistungsunfähigkeit bescheinigen!« Ich sag:
Wieso, ich leiste doch gar nichts. Ich werd auch gar nicht nach
Leistung bezahlt. Aber du immer mit deinem Ehrgeiz: »Geh
hin und sag, du hast das Taubheitsgefühl in den Fingerspitzen,
und du kriegst den Kugelschreiber nicht mehr hoch. Da gehst
du erst zu deinem Referatsleiter und der schickt dich zum
Amtsarzt und der schickt dich in Pension.« – Das hab ich
tatsächlich gemacht. Ich genier mich immer noch: Herr Doktor Boeckenhauer, ich hab das Taubheitsgefühl in den Fingerspitzen, ich krieg den Kugelschreiber nicht mehr hoch. – Der
hat mich mit großen Augen angesehen: »Um Gottes willen,
Kramer, woher haben Sie denn plötzlich diesen Ehrgeiz, den
Kugelschreiber hochzukriegen? Und was wollen Sie überhaupt mit dem verdammten Kugelschreiber, wenn Sie ihn
hochgekriegt haben?« Einen Vorgang abzeichnen, hab ich ge-

sagt. »Kramer, Kramer, ich mache mir Sorgen um Sie. Gehen Sie jetzt ganz langsam wieder an Ihren Schreibtisch.« – Da war es nochmal gutgegangen. Und da hab ich wieder drei Tage aus dem Fenster gesehen, wie drüben Paul und Emma ihr Nest gebaut haben an der Dachrinne. Ja, das war schön. Aber Else zu Hause immer weiter mit ihrem Ehrgeiz. »Sechzig Prozent aller Beamten gehen in Vorruhestand, aber du bist ja ein Versager.« – Ja, was soll ich denn machen, Else? – »Geh jetzt hin und lies den ganzen Tag nur noch die Zeitung.« – Wieso, den halben Tag les ich doch schon die Zeitung. – »Ja, jetzt eben den ganzen.« – Das hab ich auch gemacht. Drei Monate lang den ganzen Tag immer nur die Zeitung gelesen. Einmal ist der Referent tatsächlich reingekommen. Ich hab ihn richtig angefleht: Sie sehen es doch, Herr Doktor Boeckenhauer, ich kann den ganzen Tag nur noch die Zeitung lesen! – »Kramer, Kramer, übernehmen Sie sich nicht. Warum lesen Sie den soviel Zeitung? Wollen Sie sich etwa informieren? Das entspricht gar nicht Ihrem Berufsbild. Sie sitzen hier, damit Sie den Unterbau der Personalpyramide bilden. Jetzt gehen Sie wieder an Ihren Schreibtisch – und treffen Sie keine Entscheidungen.« – Da war es noch mal gutgegangen. Aber Else zu Hause immer weiter mit ihrem Ehrgeiz: »Sechzig Prozent aller Beamten gehen in Vorruhestand. Aber du hast ja keinen Mut dazu.« – »Was soll ich denn tun, Else?« – »Ja, nichts sollst du tun. Daß sie dich wegen Nichtstun pensionieren. Dann kriegst du dein volles Ruhegeld. Ach was, setzt dich jetzt an deinen Schreibtisch und pups in deinen Sessel – und nimm Schlaftabletten. Und schlaf den ganzen Tag!« – Das hab ich auch gemacht. Drei Monate lang: immer Schlaftabletten. Dann hab ich eines Morgens zu meinem Kollegen Möller gesagt: Möller, passen Sie mal auf. Ich nehm jetzt meine Schlaftablette und schlaf gleich. Dann gehen Sie doch bitte mal zur Kommission. Daß mal einer kommt und sich das ansieht und mich in Pension schickt.« Aber immer wenn ich aufgewacht bin, hat Möller selber noch geschlafen. Er sagt, er würde ja gern zur Kommission gehen, aber dann muß er seinen eigenen Nachmittagsschlaf unterbrechen, und dann hat er Gesundheitsschäden. Aber eines Tages hat es dann leider doch geklappt. Weil nämlich Möller Geburtstag hatte. Und immer wenn einer von uns Geburtstag hatte, haben die Kollegen es geschafft, irgendwie wach zu bleiben. Aber ich hatte doch die Schlaftablette genommen. Und da war einer von der Kommission auf dem Geburtstag und hat mich da schlafen sehen und hat gesagt: »Um Gottes willen, der Kramer, der braucht Schlaftabletten, um seinen Büroschlaf zu haben? Was hat ihn denn so furchtbar gestreßt?!« – Und da hat Möller es verraten. Ich hab da mal vor drei oder vier Jahren zufällig einen Zahlendreher bemerkt in der Steueraufkommensstatistik. Und da konnte ich nicht widerstehen und bin fünf Minuten länger geblieben und hab die beiden Zahlen ausgetauscht! »Ja, um Gottes willen«, hat der von der Kommission gesagt, »dann hat der Kramer ja ganz enorm was für den Staat geleistet. Der darf nicht soviel leisten. Als Beamter muß er leistungsunabhängig bleiben!« Und dann haben sie mich sofort pensioniert und haben sich alle besoffen und meine Pensionierung gefeiert. Und alles, während ich noch geschlafen hab!

Sind so kleine Hände

Ach, wie gern hätte ich auch so ein berühmtes Kinderlied geschrieben wie diese berühmte Protestsängerin aus den Siebzigern, Sie wissen schon. Bettina Wegner. Dieses wunderbare Lied, weltberühmt, wo immer alles so klein ist. Wie ging das noch? Richtig: »Sind so kleine Hände, winzige Finger dran …« (na wär ja auch blöd gewesen, wenn da nun große Finger dran wären …) »Sind so kleine Füße usw. usw.«

Ich habs dann versucht, so ein weltberühmtes Kinderlied auch zu dichten. Aber mir ist es leider überhaupt nicht so richtig gelungen. Bei mir geht das jetzt so:

Sind so kleine Hände.
Reißen alles raus.
Ganze Bücherwände
räumen sie blitzschnell aus.

Sind so kleine Füße.
Aber höllisch flink.
Sind schon in der Küche.
Drehn das nächste Ding.

Sind so kleine Ohren.
Hören ungerührt:
Hanna, nicht die Vase!
Schon ist es passiert …
usw.

Wer mit wem

Sylvia und Axel auf der Party, sie frech und frisch, er etwas verklemmt. Sie stehen etwas abseits.

SYLVIA Hast du das eben gehört? Ich frage diesen Dr. Möhring ganz höflich: Und wie geht es Ihrer Frau? Da guckt er mich entgeistert an und sagt: Ich habe keine Frau. Ich weiß von keiner Frau. Und läßt mich stehen.

AXEL Um Gottes willen, Sylvia! Weißt du denn nicht, daß die auseinander sind? Ingrid Möhring lebt seit mindestens sechs Wochen mit einem italienischen Ferrari-Designer zusammen. Möhring ist psychisch völlig am Ende.

SYLVIA Ach Gott, ach Gott! Woher soll ich denn das wissen? Warum läuft er denn dann auf so 'ner Party rum? – Guten Abend, Herr Weinrich, guten Abend … Und was ist mit dem? Das ist doch nicht Weinrichs Frau?

AXEL Nein, Sylvia, das ist Zehlickes Frau. Aber Zehlicke, der Chefgrafiker, lebt doch schon seit zwei Jahren mit diesem blonden Carsten Cronbäcker zusammen, du weißt doch …

SYLVIA Ach, der ist schwul geworden?

AXEL Er war es schon immer, Liebling. Und du hast schon auf der Umzugsparty damals diesen Fauxpas begangen, wie du zu ihm gesagt hast: Die Schwulen halten ja sowieso alle zusammen!

SYLVIA Hahahaha? Das habe ich gesagt? Na bitte. Ist doch auch alles ein einziges Chaos. Und Frau Weinrich – ist die jetzt lesbisch?

AxEL Liebling, es schadet mir doch, wenn du hier so laut deine Witze machst. Frederike Weinrich macht inzwischen Bildregie und ist mit Marcus Zarp liiert, obwohl Christa Zarp schwer depressiv in der Nervenklinik liegt, wegen Edgar Stromberger, ihrem ehemaligen Geliebten, Nahost-Korrespondent, der ist doch Muslim geworden und hat noch zwei Frauen in Kairo, was sie nicht durchstehn konnte – und darum können Zarp und Frederike Weinrich nicht offiziell zusammenziehen, weil Christa Zarp dann noch den letzten Lebensmut verliert.

SYLVIA Aha. – *zu einem Gast, der vorbeikommt* Entschuldigung, haben Sie einen Kugelschreiber dabei? Ich muß mir das aufschreiben! Was ist mit Ihnen? Ist das jetzt Ihre eigene Gattin? Ja, guten Abend.

AxEL Sylvie! Das ist jetzt aber sehr ungezogen von dir, Gerbers zu fragen: Ist das jetzt Ihre Gattin? Mein Gott, das ist der Programmdirektor.

SYLVIA Wieso, es war doch seine Frau. Oder?

AxEL Ja, eben. Aber die haben zehn Jahre auseinander gelebt. Seine Sekretärin hat zwei Kinder von ihm, will ihn aber nicht heiraten. Jetzt ist er zu seiner Frau zurückgegangen. Dahinter steckt eine menschliche Tragödie. Und du fragst so einfach: Ist das jetzt Ihre Gattin. Man muß doch ein bißchen Feingefühl haben! Guten Abend, Frau Ruhländer, Frau Martens. Ja, wünschen wir auch. Nein, das sind nicht Mutter und Tochter. Die Ruhländer hat zwei Jahre mit dem Mann von der Martens gelebt, dadurch sind sich die Frauen nähergekommen, jetzt haben sie den Mann ausgebotet und sind zusammengezogen. Er, Martens, sitzt da hinten an der Bar und ist betrunken!

SYLVIA Ja, verdammt nochmal, wer soll sich denn das alles merken. Ich bin doch kein Computer. Und du verlangst von mir, daß ich wissen soll, ob Weinrichs Frau mit Martens

Schwuchtel und daß Dr. Möhring in der Nervenklinik mit der Bildmischerin von Zehlickes Krankenschwester seit zwei Wochen nicht mehr weiß, mit wem er verheiratet ist. Also nein!

AXEL Liebling, bitte! Ich geniere mich allmählich für dich. Die gucken doch schon alle auf uns. Was ist das für ein Benehmen.

SYLVIA *(lacht)* Entschuldigung. Hallo, Dr. Möhring. Haben Sie gewußt, daß Axel und ich uns getrennt haben? Ja, wir sind jetzt auseinander. Das wußten Sie nicht? Macht nichts. Axel wußte es auch nicht. Aber jetzt weiß ers. Jetzt lebt er ganz allein mit Anneliese, seinem Meerschweinchen!

Lied von der kleinen Gänseblum

I
Ich hab mich in dieser bedeutenden Zeit
an einem Gänseblümchen erfreut.
Es stand da so auf der Wiese mit hundert
anderen Gänseblümchen herum.
Ich hab es betrachtet und hab es bewundert,
als gäb es nicht größere Dinge zu tun.

Und jetzt schäm ich mich so.
Und jetzt frag ich mich bloß:
Wie werd ich dies frohe Gefühl wieder los?

II
Ich verstehe ja auch: Es ist furchtbar blöd.
Nur weil da ein Gänseblümchen steht,
vergeß ich für einen kompletten Moment,
daß die Menschheit an allen Ecken brennt.
So ein Gänseblümchen, so ein lausiges Stück,
enthält nicht fürn Groschen Gesellschaftskritik.

Und jetzt schäm ich mich so.
Und jetzt frag ich mich bloß:
Wie werd ich dies frohe Gefühl wieder los?

III
Und alle beschwören die Menschheitsvernunft
und arbeiten an der großen Zukunft.
Und alle wissen: Es ist nicht mehr weit
bis zum Ende der mühsamen Übergangszeit.
Sie sind progressiv und erwerben sich Ruhm.
Und ich immer mit meiner Gänseblum.

Ach, verzeiht, liebe Leut.
Ich bin wirklich so dumm.
Doch es war eine sehr schöne Gänseblum.

Der Ehemann (rausgeflogen)

Steht hilflos in der Gegend mit dem Koffer in der Hand.

Weiß nicht, wo soll ich denn jetzt hin. Ist das erstemal in meinem Leben, daß ich rausgeschmissen worden bin. Von der eigenen Frau. Wir haben in drei Wochen dreißigsten Hochzeitstag. Wirft mir den Koffer die Treppe runter und schließt von innen die Wohnungstür zu. Ich war wie vorn Kopf geschlagen. Na ja, bin ich abgezogen. Ich stell mich doch nicht hin und bettel: Laß mich wieder rein – daß sich die Nachbarn das Maul zerreißen.

Dabei interessiert mich das doch gar nicht wirklich mit diesem Paragraph 218 und was sie da für Gesetze machen. Ist mir doch völlig wurscht, ist mir das doch. Aber warum regt sie sich so auf? Sie ist vierundfünfzig! Ist doch sowieso schon ausm Rennen! Aber das schlimmste: Ich begreif bis jetzt nicht, was ich irgendwie Falsches gesagt haben soll. Ich hab doch nur gesagt: Ihr Frauen könnt euch doch nun wirklich freuen, wie geradezu liebevoll der Staat euch helfen will. Daß sie euch in einer wichtigen Lebensfrage nicht einfach allein lassen, sondern euch kostenlos beraten und sich mit euch hinsetzen und dabei auch Händchen halten – und sagen: »Bitte schön, Frollein Müller, so eine schwere Verantwortung kann eine Frau nicht alleine tragen – in diesen höchsten moralischen Angelegenheiten ist ja sogar manchmal schon ein Mann überfordert.« – Da stößt sie einen Schrei aus. So 'ne Art Urschrei: Uaaaaaaah! Ist das vielleicht ein Argument? Ich sag, Elke, sag ich: Unsere höchsten Richter und Politiker haben zum erstenmal vielleicht in der Menschheitsgeschichte das Phänomen Frau richtig eingeordnet. Im Mittelalter haben sie die Frauen noch aufn Scheiterhaufen verbrannt, wenn sie sich ein Kind haben wegmachen wollen. Weil damals haben sie die Frau noch für voll verantwortungsfähig wie einen Mann gehalten. Aber heute sagen sie: Das ist zwar ein Mord, rechtswidrig ist das, aber wir drücken ein Auge zu – einfach, weil eine Frau eben nicht ganz so für ernst genommen werden darf... Aber doch im positiven Sinne. Weil Frauen doch eben in dem Sinne nicht mit dem Verstand reagieren, sondern mit dem Gefühl, wie du das ja auch selber manchmal sagst! Da schreit sie schon wieder: »Uaaaaaaaaaaaaaa!« Und fängt an, meinen Koffer zu packen – und ich steh daneben und merk das gar nicht. Also – so was von eiskalt kann sie sein. Weiß schon genau, daß sie mich rausschmeißen will, und läßt mich ruhig weiterreden.

Und ich immer noch in bester Absicht! Die Frau, sag ich, ist eben für uns Männer das ewig rätselhafte Wesen, voller Widersprüche. Eine Frau macht doch den ganzen Tag den herrlichsten Schwachsinn! Aber das hat man doch sogar gerne als Mann! Aber dann muß doch so ein Gericht auch dafür sorgen, daß eben dieses herrlich unvernünftige Wesen in schweren Verstandesentscheidungen nicht allein gelassen wird. Aber das ist doch nichts Schlechtes – denn dafür hast du ja als Frau eben viel mehr Gefühl. Also, wenn das darum geht, was wir für Tapeten ankleben oder welche Geburtstagskarte für unsere Verwandten wir aussuchen – da vertrau ich dir doch voll. Und dafür hab ich doch in dreißig Jahren immer die anderen Sachen entschieden: Was für ein Auto wir kaufen – und welche Partei wir wählen. Damit sind wir doch immer gut gefahren. Und genau so haben die Politiker das mit euch Frauen auch gemeint: Eine Frau kann nicht von allein entscheiden, ob sie sich in einer Notlage befindet oder nicht. Eine Frau denkt ja schon, sie ist in einer Notlage, wenn sie 'ne Laufmasche hat. Oder bei Geld! Eine Frau kann zum Beispiel durch ihre Gefühlsveranlagung in Panik geraten, wenn sie ihr Portemonnaie verloren hat – und denkt: Jetzt kann ich keine Milch kaufen für mein Baby. Und läßt es abtreiben.

»Uaaaaaaaaaaaaaaaaaaah!« schreit sie wieder. Und ich lach noch. Weil ich denk: Sie hat ihre verrückte Tour. Sieht das vielleicht schon ein, was ich sag – und kann sich bloß noch nicht so ausdrücken. Ich sag: Es geht ja schließlich um das werdende Leben. Eine Frau, wenn sie schwanger ist, hat wahrscheinlich auch irgendwas mit dem Leben zu tun, was weiß ich! Aber was das Leben eigentlich ist, das weiß der Mann ja viel besser; nicht nur, weil er es wissenschaftlich erforscht, im Labor, sondern weil er ja auch sowieso dauernd Entscheidungen über Leben und Tod treffen muß. Im Krieg zum Beispiel: Wenn einer erschossen wird oder für das Vaterland sterben soll – von daher hat der Mann ja sowieso mit dieser Materie viel mehr zu tun ... Und ... ja, und da war das soweit. Da sagt sie – so ganz freundlich noch –, sagt sie: »Komm mal an die Tür.« Und ich trab noch hinter ihr her. Schubst mich aufn Hausflur. Wirft den Koffer raus, daß er aufspringt und meine Unterwäsche noch rausfliegt – und sagt bloß noch: »Leider hab ich mich vor dreißig Jahren nicht beraten lassen, als ich dich Idioten geheiratet hab!« und schlägt die Tür zu. Also – ehrlich: Das hätte ich ihr echt nicht mehr zugetraut!

Der Rentner I

Kommt durch den Park gehumpelt, sieht sich ängstlich um, setzt sich auf die Bank.

Wenn ich mich maln Augenblick zu Ihnen setzen dürfte, junger Mann. Ich bin grad ausn Altersheim weg. Die suchen mich bestimmt schon. Ich bin dreiundachtzig. Wenn sie mich wieder einfangen, tun sie mir da, wo ich weg bin, wieder diese Tropfen ins Essen, wo man ewig von müde wird. Sie nennen mich schon den Ausbrecherkönig. Das ist schwieriger, als ausn Knast abzuhauen. Hab ich wieder drei Wochen dran gearbeitet. Oberschwester Olga bumst nämlich mit dem Zivi in der Wäschekammer. Die andern Alten kriegen das gar nicht mit. Aber ich merk das immer daran, daß sie uns morgens beim Frühstück die Zwiebäcke noch eiliger vorwerfen. Erst verschwindet er in der Wäschekammer und ne Zeitlang später dann sie. Für mich ist das denn immer das Zeichen: Ich zwäng mich in Küchenaufzug rein und laß mich in Heizungskeller runter. Und da läßt mich dann Ali fürn Heiermann aus der hinteren Eisentür raus.

Aber die kriegen einen ja doch. Für immer kannst du denen nicht entkommen. Und dann muß ich wieder liegen. Dann sagt Oberschwester Olga wieder: »Na, Herr Pahlke, das war wohl wieder unsere innere Unruhe, was? Da müssen wir wohl wieder mal unsere Wundermedizin nehmen – und dann schlafen wir so schön, nicht?« Ja. Mindestens sechs Wochen. Und die Tropfen trichtern sie dir, da wo ich herkomm, mit Gewalt ein. Halten dir den Kopf fest und reißen dir den Unterkiefer runter wie bei einem Pferd und schütten dir das rein. Hast du keine Chance. Hauptsache, sie kriegen dich zum Liegen. Aber das ist ja wegen der Krankenkasse. Weil die Kasse denkt ja, daß sie mit denen, die liegen, mehr Arbeit haben. Dabei liegen die ja bloß und werden einmal die Woche gewendet. So müssen Sie sich das bei uns vorstellen.

Aber das schlimmste ist die Freundlichkeit. »Na, Herr Pahlke, immer noch auf den Beinen?« Ich hab mich hier zu Ihnen hergesetzt, weil: wenn man sich als Renter wie ich allein auf ne Parkbank setzt, dann stürzen ja gleich Scharen von alten Frauen auf ein los. Wußten Sie das nicht? Ja, das sind die Rentnerinnen. Die kommen ja nicht mit ihrer Rente aus. Da ist dann so einer wie ich wie ein Strohhalm für die. Haben Sie doch bestimmt schon mal gesehen: Im Park sitzen immer mehrere alte Männer dichtgedrängt auf einer Bank und gucken sich ängstlich um. Die bilden Schutzgemeinschaften vor den anschleichenden Rentnerinnen. Na ja, wenn sich so eine Alte erst mal bei dir eingeklettet hat, dann wirst du sie ja auch nie wieder los. Das kann zu den schlimmsten Tragödien führen. Hab ich ja gerade erst hinter mir. Ich sag Ihnen was: Wenn Sie mit dreiundachtzig im Altersheim noch die Frau Ihres Lebens treffen – und die läßt Sie dann wieder ohne Vorwarnung fallen, dann sind Sie aber fertig, mein Lieber, das kann ich Ihnen sagen. Wie bitte? Ob das überhaupt noch geht in meinem Alter? Richtig mit Liebe und alles? Haben Sie ne Ahnung. Das hört nie auf. Ich wollte ja sogar heiraten. Eine wunderbare Frau. Bei mir hatte richtig der Blitz eingeschlagen. Und wenn das passiert, dann hältst das sogar im Altersheim wieder aus. Sie hatte mir ja versprochen: Wir wollen die letzten Jahre zusammen verleben. Und dann? Dann erwisch ich sie mit einem... Er will mal Musikprofessor gewesen sein. Neuzugang. Beide Arm in Arm auf seinem Zimmer und hören da irgend so ne klassische Musik von seinem CD-Player. »Merkst du nicht, daß du störst?« Ich konnte nicht anders: Ich hab seine Krücke genommen und hab sie ihm aufn Kopf geschlagen. Eifersucht. Da mußte ich natürlich wieder liegen. Tja – in *den* sechs Wochen hat sie sich dann mit dem sogenannten Musikprofessor für immer zusammengetan. Ja – er hat ja auch ne bessere Altersversorgung als ich ... Nee, das hätt ich nicht sagen sollen. Grete ist schon eine wunderbare Frau. Aber jetzt – jetzt weiß ich wieder, wo ich bin. Jetzt riech ich ihn wieder, diesen ewigen Schweißgeruch bei uns ... Wieso hören Sie mir denn überhaupt zu? Als alter Mensch ist man doch nur noch lästig. In Sibirien, die Ureinwohner früher, die haben die alten Leute, wenn sie sie nicht mehr brauchen konnten, mitn Lederstrick erdrosselt. Aber als Höhepunkt von einem großen Fest. Das war wie eine Hochzeitsfeier. Mit Tanz und Musik. Und haben sie noch ne Ansprache gehalten: Großvater, du warst ein großer Walfischjäger. Aber jetzt, wo du das Wasser nicht mehr halten kannst – jetzt muß du eben in die Jagdgründe vorausgehen. Das war doch noch menschlich. Und heute? Heute setzen sie ihre Großmutter aufn Autobahnparkplatz. Ohne Papiere, hatte die Alzheimer. Hat nie einer rausgekriegt, wem die Oma gehört hat. – Und Bernie Neumann haben sie die Dialysemaschine abgestellt. Von der Krankenkasse. Weil das zu teuer wurde. Haben sie ihm aber natürlich nicht gesagt. Sondern haben geschrieben »... machen wir Ihnen die erfreuliche Mitteilung, daß ihre Nierenbehandlung um fünfzig Prozent vermindert wird.« Bernie hat gleich gesagt: Das ist mein Todesurteil. Sechs Wochen später ist er abgenibbelt. Hätten sie doch auch wenigstens noch schreiben können: Bernie, du warst ein großer Ersatzteillagerverwalter. Aber jetzt ist eben Rationalisierung. Das hätte er sogar begriffen.

Aber das schlimmste ist die Freundlichkeit. »Na, Herr

Pahlke, wir haben ja unser Honigbrot noch gar nicht aufgegessen.« – »Das hau ich dir gleich in die Fresse, du Scheusal!« – »Ach, wir sind ja wieder so aufgeregt. Da müssen wir wohl mal wieder unsere Wundermedizin ...« – Ich muß jetzt weiter. Bestimmt kommt gleich im Radio: Gesucht wird Willi Pahlke, eine hilflose Person. Er ist auf medizinische Hilfe angewiesen ... *(humpelt davon)*

Hermann und Hermine:
Die Kuh, die kräht

HERMINE Guck mal, Hermann, was hier in der Zeitung steht: Ein Bauer ist verklagt worden, weil seine Kühe immer morgens so laut mit der Kuhglocke bimmeln.

HERMANN Ja, und?

HERMINE Ich weiß nicht. Neulich mußte schon mal einer vor Gericht, weil sein Hahn immer so laut gekräht hat.

HERMANN Das ist ja ganz was anderes: ein Hahn, der kräht, oder eine Kuh, die bimmelt.

HERMINE Wieso? Weil eine Kuh nicht fliegen kann?

HERMANN Unsinn. Ein Hahn, der kräht, ist wie eine Kuh, die muht. Die Kuh ist ja nur fürs Bimmeln verklagt worden und nicht fürs Muhen.

HERMINE Ach, was! Das Kuhglockengebimmel gehört doch genauso auf die Alm wie das Kikeriki im Hühnerstall.

HERMANN Frauenlogik. Das Kuhglockengebimmel kann doch niemals so auf die Alm gehören wie das Kikeriki. Wenn ein Hahn auf der Alm eine Glocke umhätte, würde man denken, daß er eine Kuh ist – wenn man die Augen zumacht.

HERMINE Ein Hahn kann doch eine Kuhglocke gar nicht tragen!

HERMANN Darum geht es doch nicht. Aber eine Kuh könnte niemals Kikeriki schrein. Sondern ein Hahn, der muht, wäre wie eine Kuh, die kräht. Aber krähen dürfte sie ja. Sogar aufm Mist.

HERMINE Was redest du bloß für einen Mist daher! Der Hahn, der von dem Mann verklagt worden ist, wäre auch verklagt worden, wenn er gemuht hätte – mit oder ohne Glocke.

HERMANN Ja, soweit kommt es noch: daß ein Hahn auf der Alm noch dazu bimmelt, wenn er Kikeriki schreit!

Halbgötter in Weiß

Patient mit einem Bein, kommt auf Krücken herein.

ARZT Was ist denn, Herr Meerkatz?! Sie sind doch operiert. Meine Zeit ist kostbar.

PATIENT Entschuldigung, ich wollt ja auch nur sagen: Es ist das falsche Bein. Sie haben mir das falsche Bein abgenommen.

ARZT Ja, gut. Sonst noch was?

PATIENT Das falsche Bein, Herr Professor. Das Raucherbein ist doch das rechte.

ARZT Meerkatz, ich habe Ihnen gesagt: meine Zeit ist kostbar. Daß ich mich überhaupt noch mit Ihnen unterhalte. Wo Sie bereits operiert sind. Sie sprechen mit dem Chefarzt der Chirurgie. Ich bin Professor Dr. Möller-Bergowitz. Ist Ihnen das überhaupt klar?

PATIENT Jawohl, Herr Professor. Ich bin Ihnen ja auch sehr dankbar. Aber Sie haben mir doch das falsche Bein abgenommen, Herr Doktor. Es ist mir ja selber unangenehm.

ARZT Ja, was meckern Sie denn dann hier herum? Daß ich Sie überhaupt operiert habe als Ersatzkassenpatient, ist doch sowieso schon eine Ausnahme. Wieso habe ich mich dazu eigentlich herabgelassen. Tausende würden sich glücklich schätzen, überhaupt von mir operiert zu werden. Sie sprechen mit einer Koryphäe!

PATIENT Ich weiß, Herr Doktor, aber mein Bein, es ist doch das falsche!

ARZT Mein lieber Meerkatz – da draußen vor der Tür drängeln sich die Privatpatienten, denen es völlig gleichgültig ist, was ich Ihnen ab- oder raus- oder wegoperiere, wenn sie nur sagen können, daß Möller-Bergowitz sie unterm Messer hatte. Und Sie, Sie Würstchen, Sie Ersatzkassenpatient, Sie, Sie stänkern hier herum: das falsche Bein, das falsche Bein. Mit Ihrem Raucherbein können Sie ja von mir aus herumhumpeln, aber Sie können in Ihren Kreisen herumerzählen: Möller-Bergowitz hat mir ein Bein abgenommen. Möller Bergowitz Ihnen, Meerkatz. Begreifen Sie endlich, welche Ehre Ihnen widerfahren ist.

PATIENT Entschuldigung, Herr Professor. Ja, ja! Dann dank ich Ihnen auch. *(Hält ihm die Hand hin.)* Vielen Dank. Entschuldigen Sie.

ARZT Na, sehen Sie. *(Gibt ihm die Hand.)* Und ich hoffe, es ist Ihnen klar, wie kulant es ist, daß ich Ihnen auch noch die Hand gebe. Bei meinen Internisten-Kollegen durchlaufen Sie alle Behandlungsstufen ohne Händedruck. Ohne Händedruck beläuft sich der Tarif lt. GOÄ auf 35,30 pro Minute, mit Händedruck bei mir auf 135,30!

PATIENT Ja, aber – wer kann das schon von sich sagen – daß Herr Professor ihm die Hand gedrückt hat.

Humpelt an Krücken auf seinem einen Bein hinaus und spricht immer wieder glückselig vor sich hin:

Möller-Bergowitz hat mir die Hand gedrückt. Professor Dr. Möller-Bergowitz hat mir die Hand gedrückt, hat mir die Hand gedrückt ...

Mathematik der Feindschaft

Ich hatte einmal einen Feind.
Der haßte mich Tag und Nacht.
Der hätte mich, was mir auch logisch erscheint,
von Herzen gern umgebracht.

Dann aber: bekam ich noch einen Feind.
Und ich dachte: Zwei Feinde, na ja.
Doch was ich dabei übersah:
Daß mein zweiter Feind mit dem ersten Feind
schon zehn Jahre verfeindet war.

Das merkte ich erst, als mein erster Feind
mich anrief: »Grüß Gott und blabla,
der Dings, wie mir scheint, ist dein Feind, mein Freund.
Ein gemeinsamer Feind, der vereint, mein Freund,
küß die Hand, tatatü, tatata.«

Sogleich erschien mir mein zweiter Feind
nicht mehr ganz so schlimm, wie er war.
Denn ich dachte: Ein Feind, der es feindlich meint,
der kann doch nicht sein meines Feindes Feind.
Ja, ich sah überhaupt nicht mehr klar:

Denn ich hatte zwei feindliche Freunde zum Feind.
Ein Gedanke, so traurig, so schön.
Ich hab' mich betrunken, gelacht und geweint.
Feiner Freund, lieber Feind, o du feindlicher Freund.

Ach nimmer wird, wer mit *einem* Feind,
was Freundschaft ist, zu begreifen meint,
das Geheimnis der Freundschaft verstehn.

Sondermüll oder Biotonne?

Wolfgang und Gerti liegen nachts im Bett. Er springt auf, läuft unruhig im Zimmer auf und ab.

GERTI Was ist denn, Wölfi? Komm wieder ins Bett!

WOLFGANG Das Etikett, das Etikett. Es war doch auf die Folie geklebt …

GERTI Du hast schlecht geträumt, Wölfi. Komm doch ins Bett.

WOLFGANG Ich glaub, ich hab es nicht getrennt. Und der Aufreißstreifen, der dünne rote Aufreißstreifen … Ich kann mich gar nicht mehr erinnern …

GERTI Wölfi! Du bist doch zu Hause bei deiner lieben Gerti. Hallooo!

WOLFGANG Die Waffel war angebissen, und ich hab sie in den Sondermüll geworfen. Das war korrekt, aber das Etikett …

GERTI *(plötzlich hellwach)* Waas ist los? Was hast du in den Sondermüll geworfen?

WOLFGANG Die Waffel mit der verschimmelten Haselnußcreme …

GERTI Ja, bist du denn verrückt geworden. Die gehört doch in die Komposttonne.

WOLFGANG Ach, was. Der Schimmel und der Konservierungsstoff ergeben eine chemische Verbindung, das ist Sondermüll; aber das Etikett, ich weiß nicht mehr genau …

GERTI Was hast du wieder angerichtet, Wolfgang? Wenn sie unsere Tonnen diesmal schon wieder nicht leeren, und alle Nachbarn sehen es, daß wir wieder falsch sortiert haben ...

WOLFGANG Wir? Wir? *Ich* habe noch nie falsch sortiert. Das warst doch du mit dem Joghurtbecher beim vorigen Mal. Den Joghurt nicht richtig ausgekratzt und ab in die Kunststofftonne damit. Das war doch der Grund!

GERTI Das war der Grund? Ich glaub, ich hör nicht richtig! Du hast die Metallfolie von demselben Joghurtbecher für Papier gehalten und hast sie in die Altpapiertonne geworfen. Eine Joghurtbecherdeckelmetallfolie in die Altpapiertonne. Wofür haben wir denn sonst das Bußgeld bezahlt.

WOLFGANG Ach nein. Das ist ja allerliebst. Wer ist es denn gewesen, der vergessen hat, von der braunen Orangensaftflasche den Metalldeckel abzuschrauben, auf dem noch ein Papieretikett geklebt hat: das war dreifache fahrlässige Leergutfalscheinsortierung: Die braune Flasche war beim Weißglas mitsamt dem Metalldeckel und dem Papieretikett ...

GERTI Es war ein Plastikdeckel und ein Folienetikett! Ich gebe ja zu, ich habe mich *einmal* geirrt. Aber du! Du wirfst einen Fensterbriefumschlag in die Altpapiertonne ...

WOLFGANG Ja, und? Ja und? Sind Briefumschläge kein Papier? Für dich wahrscheinlich Kompost oder was?

GERTI Das Fenster des Fensterbriefumschlages ist aus Kunststoff! Das habe ich dir schon hundertmal gesagt und ...

WOLFGANG Hahaha! Das Fenster ist aus Kunststoff! Das Briefumschlagfenster aus Kunststoff! Das ist Transparentpapier und Transparentpapier ...

GERTI Transparentpapier ist Kunststoff!

WOLFGANG Nicht zu fassen! Das muß ich mir von meiner Frau sagen lassen, die weiße Weinflaschen bei Buntglas einwirft und noch den Korken drauflläßt! Den Korken!

GERTI Aus Versehen, aus Versehen! Aber du – du, du wirfst den Kaffeefilter mitsamt dem Kaffeesatz absichtlich in die Küchenabfalltonne, weil du zu dumm bist und zu verantwortungslos, zwischen Küchenabfall, Kompost und Papier zu unterscheiden!

WOLFGANG Sag das nochmal! Ich zermartre mir hier das Gehirn, ob ich das Papieretikett von der Alufolie der Hanuta-Packung…

GERTI Alufolie, Alufolie! Hanuta-Packung hat keine Alufolie! Das ist Glanzpapier mit Kunststoffbeschichtung und gehört in die Kunststofftonne.

WOLFGANG *(würgt seine Frau)* Ich bring dich um! Sei ruhig! Sei ruhig! Hanuta-Packung ist Alugoldfolie mit Papieretikett und nicht Kunststoff, gibst du das zu, gibst du das zu?

GERTI *(röchelnd)* Aber die Klebemasse zwischen Papier und Folie ist Kunst… stoff und … gehört …

WOLFGANG Nein! Nein! Ich hab sie in die Metalltonne getan, ich will nie wieder was hören von Kunststoff. *(Frau fällt leblos zurück.)* O Gott! Gerti! Gerti! Was mach ich denn jetzt mit ihr? Komposttonne? Sondermüll? Und die Operationsnägel in ihrem Becken?

Eines Tages

Ein Seebär mit Elbsegler-Mütze steht pfeiferauchend bei Kurt in der Bahnhofskneipe am Tresen.

Also nee – ich hab ja schon früher immer gesagt: Wenn Klara mal nicht mehr ist, meine Frau, dann hält mich sowieso nichts mehr an Land. Dann hau ich ab ... ich segel los – durchs Skagerrak, an Irland vorbei und mitm Äquatorialstrom übern Atlantik. Rollo Gebhardt, das ist mein Mann – und nicht wie die bei mir zu Hause im Hafen in Kiel, diese Feierabendsegler. Also nee, da muß ich schon echt drüber lächeln – über diese Kieler-Woche-Seeleute – allein schon, wie sie immer im Dreieck segeln vor der Kieler Bucht: erst nach Backbord, denn nach Steuerbord und denn wieder zurück ... Nee, wenn ich mal lossegel, denn komm ich nie mehr zurück. Vor zehn Jahren war das schon mal soweit. Ich hatte schon ein Faß Rum gebunkert. Und Astronautenkost und Pökelfleisch an Bord. Die Route war ausgearbeitet. Kein Wort darüber zu Klara. Weil, in so einem Fall mußt du deine Angehörigen vor vollendete Tatsachen stellen. Aber ausgerechnet am Abend vorher kommt Klara tränenüberströmt nach Hause: »Waldmann – also unser Münsterländer – ich weiß auch nicht, er war an und für sich straßenfest ... aber die Hündin auf der anderen Straßenseite ... das Auto ... die Bremsen ... also das muß eine scheußliche Situation gewesen sein. Jedenfalls: Waldmann muß am Hinterbein operiert werden!« Tja, Weltumseglung ... konnt ich den Termin erst mal wieder verschieben.

Aber meine Kollegen aufm Amt – die wissen Bescheid: Eines Tages kommt Bernhard mal nicht zur Arbeit. Und dann ist das soweit. Dann ist er schon im Skagerrak. Und dann an Irland vorbei – und mitn Äquatorialstrom rüber übern Atlantik – ein Mann und die Naturgewalten. Das ist nämlich der eigentliche Sinn – der Inhalt vom Segeln. Und nicht wie bei mir in Kiel diese Schönwetterseeleute. Segeln sie da um irgendwelche lächerlichen Pokale. Oder wer zuerst im Hafen ist! Und montags morgens sitzen sie denn wieder im Büro ...

Na ja – als Waldmann denn operiert war, wurde er nicht wieder richtig – und Klara war ewig am Jammern. Dann wurde sie selber krank – hatte sie das mit der Galle. Da blieb denn wieder alles an mir hängen: das Haus, der Garten, der Hund ... Da bin ich denn aber immer abends raus auf mein Schiff – das liegt im Kieler Osthafen und ist fast fertig –, bin ich also immer da an Bord und hab meinen Rum getestet. Ja, das ist ja wichtig. Weil: Wenn du dann ganz allein auf See bist – dann kommt ja diese enorme Einsamkeit in der Naturgewalt, also diese ungeheure Unendlichkeit des ewigen Meeres. Na ja, und damit du da dann nicht durchdrehst, mußt du denn immer mal einen kleinen Schluck nehmen, um dich wieder aufzubauen. Insofern war Klara ja sogar ein echt gutes Training für mich. Sie war ja auch so eine Art Naturgewalt.

Aber wenn ich denn so an Bord saß – so nach dem dritten oder vierten Rum, weißt du, denn war mir manchmal schon so – als wär ich schon im Skagerrak – und denn an Irland vorbei – und mitm Äquatorialstrom rüber übern Atlantik! Und da drüben, nicht wahr, da such ich mir denn natürlich so eine kaffeebraune Kleine, verstehst du, hä, hä, hä – das hat man denn ja wohl verdient nach all den Strapazen und übermenschlichen Anstrengungen ...

(Legt Geld auf den Tresen:) So, ich muß jetzt los. Muß nach Hause. Der Rasen muß noch gesprengt werden. Ja, seit Klara nun tot ist – vorm Jahr kam ja die Erlösung –, ich hab ihr das versprochen aufm Sterbebett, daß ich mich noch um das Haus kümmer und um ihre Rosen …

Meine Kollegen aufm Amt sagen immer: Wann segelst du denn nun endlich los, Bernhard? Die haben gut reden. Und Waldmann? Ich mein: Er humpelt zwar, aber er lebt ja noch … Aber eines Tages, das kannst du mir glauben: Da hau ich ab, da hält mich hier nichts mehr: Ich segel durchs Skagerrak, dann an Irland vorbei – und mitn Äquatorialstrom rüber übern Atlantik. Ein Mann und die Naturgewalten. Und nicht wie diese, diese Feierabendsegler! Ahoi!

Hermann und Hermine: Weltrekord

HERMINE Weißt du, was ein Fuß ist, Hermann?

HERMANN Was soll das?

HERMINE Ein Fuß, mein ich. Was ist für dich ein Fuß?

HERMANN Meine riechen jedenfalls nicht, wenn du das meinst.

HERMINE Ein Fuß ist eine Maßeinheit, Hermann. In Amerika messen sie nach Füßen.

HERMANN So. Und was geht mich das an?

HERMINE Ein Kubaner, Mister Sotomayer, der ist jetzt acht Fuß hochgesprungen, stell dir das mal vor. Acht Fuß hoch.

HERMANN So. Und wie hoch ist das?

HERMINE Wieso, wie hoch? Sag ich doch grade: Acht Fuß ist er hochgesprungen. Das ist Weltrekord.

HERMANN Damit kann ich nichts anfangen. Wie hoch ist das denn? In Metern und Zentimetern.

HERMINE Nicht ganz zwei Meter vierundvierzig.

HERMANN Nicht ganz? Wieviel denn nun genau?

HERMINE Ein Fuß, das sind dreißigkommavieracht Zentimeter, acht Fuß sind zweikommavierdreiachtvier Meter, also einskommasechs Millimeter weniger als zwei Meter vierundvierzig.

HERMANN Das ist ja furchtbar. Sone krumme Zahl kann man doch nicht als Weltrekord anerkennen.

HERMINE Wieso? Acht ist doch keine krumme Zahl.

HERMANN Nee, acht nicht. Aber zweikommavierdreiachtvier.

HERMINE Ja, davon spricht doch gar keiner. Er wollte doch gar keine Meter und Zentimeter hochspringen.

HERMANN Ist er aber doch. Er ist doch zweikommavierdreiachtvier hochgesprungen.

HERMINE Er ist acht Fuß hochgesprungen.

HERMANN Ja, acht Fuß sind zweikommavier und paar Zerquetschte.

HERMINE Dafür kann er doch nichts. Als er Anlauf genommen hat, hat er gar nicht an Meter und Zentimeter gedacht. Er hat nur gedacht: Ich will acht Fuß hochspringen. Und hops, hatte er den Weltrekord.

HERMANN Ach was. Sone krumme Zahlen kann man doch nicht als Weltrekord anerkennen.

HERMINE Er kann doch nichts dafür, daß unsere Zahlen so krumm sind!

HERMANN Ach, unsere Zahlen sind krumm. Das ist ja nun das Letzte!

HERMINE Seine acht Fuß sind jedenfalls schön glatt und grade!

HERMANN Son Quatsch! Son krummer Weltrekord.

HERMINE Nee, Hermann. Das ist man bloß zu hoch für dich. Und für alle Leute, für die ihre Welt die einzig mögliche ist. Hahahaha.

Austern sind ekelhaft

Da sitz ich also in Paris
und muß andauernd Austern fressen.
Und kann die dummen Worte nicht vergessen,
die ich dir sagte, als ich dich verließ.

Die Austern leben noch. Sie ziehen sich
zusammen, wenn Zitrone auf sie tropft.
So krampft sich auch in mir was, sticht und klopft.
Austern sind ekelhaft. Ich liebe dich.

Ich liebe dich. Und hasse Hummer.
Ich lasse mich von niemandem lebendig kochen!
Ich koch mich selbst. Ich koch mich in dem Kummer,
daß ich, was ich nicht sagen wollte, ausgesprochen.

Karl-Heinz, der Wessi

Was ist, Elsbeth? Ob ich mich auch gut mit Alfons unterhalt, dein geliebter Schwager aus der Zone? Nee, im Augenblick nicht, Elsbeth, der ist nämlich grad nicht hier. Wieso soll ich nicht Zone sagen? Er hat ja selber gesagt: »Manchmal sehnen wir uns nach den Zeiten zurück, als wir noch Arbeit hatten.« Das war doch in der Zone. Ich sag zu ihm: »Arbeit nennst du das? Ihr habt doch damals immer nur den ganzen Tag rumgestanden und auf Ersatzteile gewartet. Das war doch keine Arbeit.« Hahaha. »Als wir damals noch Arbeit hatten.« Ich lach mich kaputt. Bitte? Nee, er ist jetzt nicht bei mir. Hab ich doch gesagt. Ach, wir hatten ein interessantes Gespräch. Er war wieder am Jammern, daß sie jetzt *alle* arbeitslos sind, sein Junge keine Lehrstelle und seine hohe Miete und so weiter und so weiter. Immer dieselbe Platte. Bitte? Nee, ich bin nicht unhöflich geworden. Ich hab ihm nur gesagt: »Wenn ein Affe ausn Zoo ausbricht, findet er sich auch nicht mehr zurecht in der freien Wildbahn.« Nein, das war doch nur ein Gleichnis. Das wird man ja noch sagen dürfen. Wenn er immer rumjammert vonwegen: der Kohl hätte ihnen blühende Landschaften versprochen, und jetzt wollen sie ihm sogar noch die Sozialhilfe kürzen! Da krieg ich doch die Wut. Ich sag: Was kostet eine Banane? Noch nicht mal eine D-Mark. Früher hättest du für dein ganzes Klopapiergeld von Ostmark dir nicht eine einzige Banane kaufen können. Aber das habt ihr ja vergessen! Deine Unzufriedenheit, sag ich, kommt daher, daß du dich immer mit mir vergleichst. Ich hab ein ganzes Leben in gnadenlosen Wirtschaftskonkurrenzkampf gestanden bei mir in der Deutschen Bundespost. Ich habe mir ein gewissen Lebensstandard im mörderischen Wettbewerb erobert, und hab meine Gesundheit dabei ruiniert. Mein Übergewicht kommt doch vom Streß. Aber ihr Ossis, sag ich: erst habt ihr 40 Jahre lang praktisch nur aufn Sack gelegen, habt euch in eure Datsche verkrochen und Rotkäppchen-Sekt geschlürft, und denn wundert ihr euch, wenn ihr jetzt untergeht in der freien Marktwirtschaft. Aber *ihr* wolltet sie doch. Weil ihr sie immer in Fernsehen gesehen habt. Und nu soll ich mir immer noch anhören, daß ihr zuwenig Stütze kriegt? Daß du überhaupt Stütze kriegst, sag ich, ist ja eigentlich nur noch ein soziales Überbleibsel! Als das noch soziale Marktwirtschaft hieß. Die gibt es doch gar nicht mehr. Aber das ist doch in euerm Sinne. Ihr wolltet doch nichts mehr zu tun haben mit Sozial. Also habt ihr jetzt die nackte Marktwirtschaft, wo jeder Millionär werden kann und Privat-Eigentum der höchste Wert an sich ist. Davon habt ihr doch immer geträumt. Alles kann man nunmal nicht haben. Ja, ja, sagt er, und jetzt haben sie uns auch noch das Kleidergeld gestrichen bei der Arbeitslosenstütze. Und ich sag: bitte, daran soll es nicht liegen. Hier, mein Trenchcoat kannst du haben, hab ich gesagt. Ja, ich hab ihm den geschenkt, Elsbeth. Ja, der mit dem Teerfleck aufn Rücken. Mein Gott, ja – das war ihm denn auch nicht gut genug. Ich sag, wieso, sag ich, Alfons, da kannst du doch bei euch in Magdeburg noch mit losgehen. Da fällt das doch gar nicht auf. Hauptsache, warm. Ja, ich glaub, da war er beleidigt. Das hätte er nicht nötig. Und sie sind schon lange nicht mehr unsere armen Verwandten. So, sag ich – und warum kommt ihr jedes Jahr mindestens zweimal hier angeschissen? Weil ihr euch mal wieder sattessen wollt, kannst du doch ruhig zugeben, sag ich. Das seid ihr ja von früher noch so gewohnt, daß ihr immer noch irgendwo ein Stück Brot herkriegt, ohne was dafür zu tun. An und für sich ja sogar beneidenswert, diese Lebenseinstellung, sag ich. Nein, ich hab das ganz nett gesagt. Weißt ja noch früher, sag ich: da haben wir euch mal ein Pfund Kaffee rübergeschickt oder auch mal ne Strumpfhose. Ja, da habt ihr uns jedes mal rührende Dankesbriefe geschrieben. Und heute?

Milliarden hab ich nun schon reingebuttert bei euch an Solidaritätsbeitrag, aber es ist euch immer noch nicht genug. Es kommt ja auch kein Wort des Dankes mehr von Euch. Nur noch: wir sind enttäuscht von Kohl. Er hatte uns soviel versprochen. Ja, meine Güte, sag ich, da kann er doch nichts dafür, wenn ihr das alles glaubt. Das ist doch ein wesentlicher Bestandteil der Demokratie, daß immer im Wahlkampf Karneval ist. Da glaubt doch kein Mensch, was irgendein Politiker verspricht. Aber Menschen, die sogar mal geglaubt haben: der Sozialismus wird siegen – also, Mann, mit denen kannst du doch kein ernsthaftes Gespräch führen. Nein, das war doch nett gemeint von mir – hab ich alles ganz freundschaftlich gesagt. Bloß als er denn anfing: Ich soll das verstehen – er wird zur Bundestagswahl die PDS wählen, da bin ich ein klein wenig heftiger geworden. Bitte? Nee, ich hab bloß gesagt, daß ich mich auch zurücksehn an die guten alten Zeiten, als man seine Ruhe hatte.

Entgegnung des Verlorenen an die Prophetin Jehovas

Liebe Frau, Sie haben ja so recht.
Unter uns gesagt: Ich bin ein Schwein.
Und ich glaube wohl, daß Gott das Schwein-Sein rächt.
In den Himmel läßt er kein Schwein rein.

Daß die Welt bald untergeht,
wie Sie sagen, halt ich fürn Gerücht.
Erstens: wär das sowieso schon viel zu spät,
zweitens find ich übrigens: es lohnt sich nicht.

Sehn Sie mal: wär *ich* der liebe Gott
oder Herr Jehovah oder so,
tränk ich Aufgesetzten und Rumpott.
Mich als Gott an Leuten ärgern? Aber wo!

Hat man Gottsein als Beruf, ist alles klar.
Menschenskind, da fühlt man sich so gut,
daß man aus zwei Päpsten sich ein paar
Eierwärmer machen könnte – und es doch nicht tut!

Trotzdem dank ich Ihnen aber sehr,
daß Sie meine Seele interessiert.
Ja, den lieben Gott anpreisen, das ist schwer.
Weil er selbst anscheinend keinen Finger rührt.

Liebe Frau, als rechter Höllensohn
werd ich schreien bald in Qual und Ewigkeit.
Darum: Schluß jetzt! Sie verstehen schon:
Ich muß geizig sein mit meiner Zeit!

Abtreibungstourismus

Polizeiobermeister Obermeier und Jungpolizist Kleinschmidt am Straßenrand.

OBERMEIER *(zu Kleinschmidt)* Das hier ist der Koffer für die Reagenzgläser mit den Urinproben. Achten Sie immer darauf, daß sie korrekt verkorkt sind, damit nichts überfließen kann.

KLEINSCHMIDT Wie bitte? Ich verstehe noch immer nicht: Ich soll den Frauen den Urin abnehmen? Ich bin so etwas nicht gewohnt. Ich bin doch kein Arzt.

OBERMEIER Polizeianwärter Kleinschmidt! Sind Sie eigentlich begriffsstutzig? Ich habe es Ihnen schon dreimal erklärt: Die Urinstichproben-Abnahme zwecks Bekämpfung des Abtreibungstourismus an der bayerischen Freistaatgrenze erfolgt nach demselben Prinzip wie die Blutalkoholüberprüfung. Nur daß die Damen nicht pusten müssen, sondern pinkeln.

KLEINSCHMIDT Ja. Aber ich meine: Wie soll denn das überhaupt vor sich gehen? Ich meine, wo? Mitten auf der Straße ...?

OBERMEIER Natürlich nicht, Menschenskind. Die überprüften weiblichen Verkehrsteilnehmer haben die Urinprobe im verkehrspolizeilich abgesperrten Bereich am Straßenrand abzugeben – und zwar in diesem leicht zu handhabenden Einmann-Zelt – oder Einfrau-Zelt, wenn Ihnen das lieber ist *(stellt in Sekundenschnelle ein Zelt nach dem*

Regenschirmprinzip auf). So! Hier drin befindet sich das ambulante Toilettengestell mit Ausguß-Topf. Hier die Ausgußtülle, damit Sie den Inhalt ohne Flüssigkeitsverlust in die Reagenzgläser abfüllen können.

KLEINSCHMIDT Wie bitte? Ich soll das Pipi der Frauen persönlich auch noch abfüllen? Das können Sie doch nicht von mir verlangen! Ich schäme mich. Ich bin Frauen gegenüber eher schüchtern, wissen Sie und ...

OBERMEIER Hören Sie mal zu, Polizeianwärter Kleinschmidt. Dann müssen Sie sich eben einen anderen Beruf aussuchen! Mein Gott: Haben Sie noch nie was von Dopingkontrolle gehört? Genau derselbe Vorgang!

KLEINSCHMIDT Aber dazu müßten doch dann eigentlich weibliche Beamte eingesetzt werden. Ich kann doch nicht dabei sein, wenn eine Frau hier reinpinkelt ...

OBERMEIER Sind Sie doch auch nicht. Sie stehen vor dem Zelt und halten Wache während der Urinabgabe. Das ist eben das Elend: daß man kein vorgeschultes Personal bekommt. Ich lese Ihnen jetzt zum letzten Mal die Zusatzverordnung zum bayerischen Ergänzungsgesetz § 218 Absatz 3, Nachtragsbestimmung 7a vor: Zur Unterbindung des bedenklich zunehmenden Abtreibungstourismus bayerischer Staatsbürgerinnen findet eine Stichprobenkontrolle durch männliche Polizeibeamte an der bayerischen Staatsgrenze statt.

KLEINSCHMIDT Und warum? Warum nur männliche Beamte?

OBERMEIER Menschenskind, sind Sie so naiv oder tun Sie nur so? Ganz einfach: weil jede Frau eine verdächtige Person ist. Sogar Beamtinnen können schwanger werden. Und jede schwangere Frau ist eine potentielle Mörderin. – Da macht unsere bayerische Regierung in vorbildlicher Rechtsauffassung keinerlei Ausnahmen.

KLEINSCHMIDT Und empfängnisfähiges Alter...? Wie soll man denn das beurteilen?

OBERMEIER Mein Gott, Kleinschmidt: Sie haben doch die Personalien. Bis zu 60 Jahren sind alle weiblichen bayerischen Frauen verdächtig!

KLEINSCHMIDT Bis 60? Ich dachte ungefähr bis 40?

OBERMEIER Ja, in der Bundesrepublik. Aber doch nicht in Bayern! Durch den niedrigeren Luftdruck in den Bergen ist der Eisprung bei der bayerischen Jungfrau mindestens 20 Jahre länger möglich. Also, Kleinschmidt, wenn wir jetzt hier unsere erste Stichprobenkontrolle durchführen...
Bremsenquietschen. Junge Frau steigt aus dem Wagen.

JUNGE FRAU Ist das wirklich wahr? Sie nehmen hier Urinproben von Frauen zur Schwangerschaftsfeststellung?

OBERMEIER Der Freistaat Bayern, meine Verehrte, nimmt als einziges Bundesland die Verantwortung für den Schutz des werdenden Lebens ernst. Woher kommen Sie – und wohin fahren Sie?

JUNGE FRAU Aus München. Wir fahren nach Hamburg und –

OBERMEIER Kleinschmidt, führen Sie die Dame in das Abgabezelt. Erklären Sie Ihr die Prozedur und...

JUNGE FRAU Kann ich mir schon denken. Ich soll wohl hier reinpinkeln und dann abfüllen. Ist doch kostenlos, nicht? Geben Sie mal her den Apparat...

OBERMEIER Augenblick mal. So gehts ja nun auch nicht. Erstmal die Personalien. Wohnsitz, wann und wo geboren?

JUNGE FRAU In Hamburg. Ich bin Hamburgerin und ich würd mich riesig freuen, wenn ich schwanger bin...

OBERMEIER Ach so. Nee, meine Beste. Hier kostenlos einen Babytest abstauben. So geht das ja nun auch nicht! Wir schützen das werdende bayerische Leben. Gegen Abtreibung preußischer und anderer ausländischer Föten können wir leider nichts vornehmen.

Voreilige Entscheidung

Als ich aus dem Fenster sprang,
hoffte ich sekundenlang,
ob es mir nicht noch gelänge,
dadurch, daß ich langsam spränge,
sozusagen nur zu schweben
und den Sprung zu überleben.

Aber gleich lag ich im Blut.
Polizei – tatü – tatuut –
hat mich fleißig eingesammelt
und in einen Sarg verrammelt.
Mir ist kalt. Denn nun bin tot ich.
Deinetwegen. Idiot ich.

Überraschende Entwicklung am Teppichmarkt

Im Teppichlager. Ehemann und Verkäufer halten einen Teppichboden, Auslegeware, hoch.

EHEMANN Resedagrün... Na ja, auf die Farben kommt's ja sowieso nicht an...

VERKÄUFER Also ich kann Ihnen wirklich nur zuraten zu diesem Stück. Absolute Qualität. Fühlen Sie mal an: Doppelt geknüpft, hundert Prozent Webfadendurchfärbung.

EHEMANN *riecht dran* Und – äh imprägniert ist er aber doch wohl hoffentlich reichlich? Mit – äh – wie heißt das noch – mit Tuluol?

VERKÄUFER Bitte?

EHEMANN Tuluol! Die besseren Imprägnierlösungen enthalten doch alle Tuluol. Ich habe mich da kundig gemacht. *(Zitiert:)* Tuluol, ein stark narkotisierendes, organisches Lösemittel, greift die Luftröhre an, führt zu irreparabler Schädigung der Lunge, löst Magen und Unterleibskrämpfe aus und führt zu schweren Depressionen der geschädigten Personen.

VERKÄUFER Wie bitte? Aber mein Herr! Wir führen nur erste Qualitätsware. Alle unsere Stücke tragen das Umweltgütesiegel!

EHEMANN Ja, ja, natürlich. Aber – ich habe mich kundig gemacht... Das Gütesiegel bedeutet ja nur, daß der Teppich leider frei von Asbest und Pentachlorophenol ist, weil diese

Chemikalien in Deutschland ja sowieso verboten sind. Aber die andern 116 chemischen Verbindungen, die in Teppichböden vorkommen – fast alle toxisch – ich darf doch wohl davon ausgehen, daß wenigstens *die* in Ihrer Ware enthalten sind?

VERKÄUFER *(vorsichtig)* Entschuldigung, Chemikalienausdünstungen, ich weiß nicht, was Sie damit meinen!

EHEMANN Ja, also ... Wenn das so ist ... Wenn Sie also wirklich keine Giftstoffe enthalten, Ihre Teppiche ... Dann muß ich es eben noch woanders versuchen.

VERKÄUFER Äh ... Entschuldigung. Habe ich das richtig verstanden? Ich müßte da bitte ganz sicher gehen. Sie wünschen also – ich meine: Sie würden sich an Giftstoffen im Teppich gar nicht stören?

EHEMANN Stören? Wieso denn stören? Habe ich mich nicht klar genug ausgedrückt? Ich suche einen ganz normalen Teppich, mit ganz normalen Giftstoffen, imprägniert mit krebserregenden Chemikalien, auf der Rückseite vulkanisiert mit Butadien und Styrol – also was auf die Geschlechtsteile geht usw. – ist das jetzt klar? Einen ganz normalen Teppich, wie er eben im Handel üblich ist. Ich habe mich doch kundig gemacht. *(Zeigt Zeitungsartikel)* »Dicke Luft im Wohnzimmer! Giftstoffe in Teppichböden! Wissenschaftliche Untersuchung des Fraunhofer-Instituts: 116 giftige Chemikalien dünsten aus deutschen Teppichböden.« Das wird einem sozusagen garantiert. Aber wenn Sie so etwas nicht haben, ja gut, dann muß ich eben noch woanders suchen. Schönen Dank für Ihre Mühe jedenfalls.

VERKÄUFER Warten Sie, warten Sie! *(für sich)* Habe ich jetzt eine spezielle Kundschaft, von der ich nie zu träumen wagte? *(vertraulich)* Ich habe verstanden! Wir haben genau das richtige für Sie – Äh ... ich will nicht indiskret sein. Geht es um die Frau Gemahlin? Also, ... na ja, ich will mal sagen: daß die Notwendigkeit besteht, sich – äh – für immer von ihr zu trennen?

EHEMANN Und wenn ich Ihre Frage mit Ja beantworten würde – wäre das für die Auswahl des Teppichs von Nutzen?

VERKÄUFER Im Vertrauen: Ich hatte vor zwei Wochen schon mal einen Kunden. Entsetzliche Eheprobleme. Scheidung kam aus verschiedenen Gründen überhaupt nicht in Frage. Seine Kundenwünsche waren ja sehr neu und überraschend für mich, aber ich habe ihn teppichmäßig dann sehr individuell beraten. Unsereiner muß da sehr sensibel auf das Marktgeschehen reagieren. Der Mann ist seit gestern verwitwet.

EHEMANN So einen Teppich muß ich haben! Ich habe mich natürlich schon selber rückversichert bei einem Spezialisten, Chemiker. Es klappt! Wie damals bei den Holzschutzmitteln, habe ich mir sagen lassen.

VERKÄUFER (vertraulich) Im Vertrauen: eine ganz überraschende Entwicklung am Teppichmarkt. Der rotblaue Velour dahinten rechts. Zur Zeit unser absoluter Renner. Pentachlorphenol mit doppelt wirkendem Superstyrol und sofortausdünstendem Maximal-Tuluol. Sozusagen mit Krebserregungsgarantie innerhalb von drei Wochen – und – äh – wenn Sie das bitte für sich behalten könnten: die Inkubationszeit für die ersten Verblödungserscheinungen der Hausfrau, Schwiegermutter oder Erbtante liegt bei vier Tagen. Allerdings: Sie müssen leider sofort und bar zahlen.

EHEMANN Wieso?

VERKÄUFER Na ja. Bei diesem neuen Markttrend: Als Ehemann sind Sie schließlich auch gefährdet, sagen wir mal: selbst wenn Sie sich den Tag über nicht zu Hause aufhalten.

EHEMANN Hahaha! Sie haben mich so gut beraten... Also:

Ich bin doch Gebietsvertreter, regelmäßig drei Wochen unterwegs. Das ist es ja. In den drei Wochen vergnügt meine Frau sich immer mit dem Kellner aus ihrem italienischen Restaurant. Ja, sie treibens sogar auf dem Teppich!

VERKÄUFER Schnell raus hier! Wir sind schon viel zu lange im Lager! *(ruft nach hinten)* Ali! Den rotblauen Velour für den Herrn hier: seuchenfest verpacken im Giftgasbehälter! *(Beide, schon etwas hustend ab.)*

Politiker I

Am Telefon.

Was ist denn das jetzt schon wieder? Knaack. MdB. Ach, du bist es, Mausi…Wer hat dich angerufen? Elisabeth? Ach, Meier-Schirrenberg? Seine Frau? Wieso ruft die dich an? Wegen Florida? Ja, da hat uns die Partei eine Studienreise angeboten. Ja, das ist richtig. Ja, sogar als besondere Auszeichnung für meine Verdienste im Wahlkampf. »Studienreise vom 20.1. bis 13.2. nach Florida/USA zwecks Erfahrungsaustausch über den volkswirtschaftlichen Nutzen naturnaher Freiluftsportanlagen«. Ja, richtig: Golfbag mitbringen. Aha. Und Frau Meier-Schirrenberg läßt fragen, ob wir teilnehmen. Ja. Nein, Mausi, wir nehmen nicht teil. Warum? Aber ich bitte dich: Der innovative Wert derartiger Dienstreisen steht in keinem Verhältnis zu den immensen Kosten. Und für die muß schließlich der Steuerzahler aufkommen! – Seit wann mich der Steuerzahler interessiert? Nein, ich habe nicht den Verstand verloren. Ich weiß, Mausi, ich weiß, daß ich vor einem Jahr auch in Melbourne war. Ja doch. Ja, ja – da ging es um Belange der deutschen Geflügelzucht – inwieweit der australische Straußenvogel in die deutsche Massengeflügelhaltung integriert werden könnte. Bitte? Was jetzt der Unterschied ist? Mit Florida? Mausi, vom 1. bis zum 7.2. finden laut meinem Terminplaner die Abschlußtagungen über die Besetzung der Parteigremien statt. Fällt dir etwas auf? Die Partei entscheidet über die fettesten Posten. Aber mir schicken sie diese

Floridareise. Und Meier-Schirrenbergs Alte fragt auch noch bei dir nach! Merkst du denn nichts, Mausi? Die wollen mich und meinen ganzen Parteiflügel geschlossen in die Wüste schicken, oder in die Sümpfe von Florida! Als besondere Auszeichnung. Nachtigall, ich hör dir trapsen!! Und wenn wir dann zurückkommen ins Parteibüro, haben sie schon mal die Schilder ausgewechselt. Und dann bin ich weg vom Fenster. Beim nächsten Mal ist mir dann nicht mal mehr ein Listenplatz sicher! Ja, natürlich, Maus, wäre ich gern mit dir im Februar in Florida gewesen. Gerade mit dir!... Aber... fang nicht wieder von dieser Studienreise auf die Bahamas mit meiner persönlichen Referentin an... Das mit Marga, mit Marga Möller – das ist doch nun ausgestanden, denke ich. Wir haben uns doch ausgesprochen. Liebling, es geht doch um unsere Zukunft. Ich bin in drei Gremien, zwei Ausschüssen und vier Vorständen – das garantiert mir eine zuverlässige Hausmacht. Aber nur, wenn ich nicht in diese Falle tappe. Meier-Schirrenberg arbeitet doch schon monatelang gegen mich! Mein Gott, ich bin Politiker, ich habe doch nichts anderes gelernt. Wenn die mich hier absägen, soll ich dann vielleicht arbeiten gehen oder was? Nein, Mausi, bitte, versteh das: Ich werde es sogar öffentlich machen, daß ich es abgelehnt habe, mich auf Kosten des Steuerzahlers... Der Wähler ist mir heilig! Wie bitte? Ja, hinterher natürlich... Wie wärs, wenn wir dann im September mal auf die Bahamas. Ach, das läßt sich alles begründen: Studium westindischer Wassersportarten auf Übertragbarkeit für die Nordseeküstenfreizeitindustrie... Siehst du wohl, Mausi. Nein, der Wähler steht ganz obenan. Ja. Küßchen! Mausi!

Damals in kalter Nacht

In der Einfahrt neben dem Fotoladen
hatten wir damals Schutz gesucht
vor dem Sturm, der uns den Schnee in Schwaden
in die Schnauze schlug. Das biß. Verflucht.

Weiß noch, wie du sagtest: Kommt mir vor,
jemand will uns durch Erfrieren bestrafen.
Und du machtest dir Gedanken um dein Ohr.
Ach, mit keiner werd ich je so zärtlich schlafen,
wie ich einst mit dir zusammen
fror.

Baustellenpoker

Beamter vom Bauamt am Frühstückstisch, trinkt Kaffee, bindet sich die Krawatte, zieht sich die Schuhe an ...

Ja, Liebling, heute abend kommen die Warnkes. Also pünktlich Feierabend wie immer. Und ich empfang dann unsere Gäste. *(Verkehrsfunk bringt Erkennungsmelodie)* Sei maln Augenblick ruhig, bitte.

NDR-Verkehrsfunk meldet: Zähflüssiger beziehungsweise stillstehender Verkehr auf allen Einfallstraßen. Zwischen Elbbrücken und Große Reichenstraße kommt der Verkehr vollständig zum Erliegen ...

Na so was! Hast du gehört? Also, das ist doch Baurat Möller. Der muß schon im Amt sein. Der sammelt da jetzt schon Punkte. Aber das ist doch unfair – vor Dienstbeginn schon anzufangen. Womit anfangen? Hab ich dir doch erzählt. Unser neues Verkehrsspiel. Bitte? Nein, nicht mehr die Verkehrsmühle. Verkehrsmühle spielen wir schon lange nicht mehr. Das war ja noch harmlos damals. Hatte ich dir doch erklärt. Bei Verkehrsmühle hatten wir uns aufm Amt nur ausgedacht, wie man ein Stadtviertel so mit Verkehrsschildern bestücken kann, daß da ein Labyrinth draus wird und kein Autofahrer wieder rauskommt. Ganz schön pfiffig schon. Ja – also: Eine Umleitung in eine andere Umleitung geleitet und zwei Einbahnstraßen sozusagen im Kreis geführt – das war schon besser als Schiffe-Versenken. Damals. Mußte man sich ja immer extra in das Viertel hinbegeben und zugucken, wie sie nicht wieder rauskommen ausm Viertel und wie sie rausspringen ausm Auto und anfangen zu weinen. Ach, das war ja viel zu umständlich. Das ist jetzt viel unkomplizierter. Jetzt kriegen wir das ja immer direkt durchn Verkehrsfunk mit. Augenblick – da kommt schon wieder was:

Hier meldet sich noch einmal der Verkehrsfunk. Vier Kilometer Stau auf der A 7, Auffahrt Heimfeld bis zum Elbtunnel. In entgegengesetzter Richtung vor dem Elbtunnel bis Quickborn fünfzehn Kilometer Stau. Alle Tunnelröhren sind wegen Bauarbeiten gesperrt…

Das ist doch Achim. Das kann er doch nicht machen. Wir haben doch abgesprochen: Elbtunnel nicht zur Rush-hour. Er hatte das tatsächlich angekündigt: wollte mal den Elbtunnel von beiden Seiten dichtmachen. Aber doch nicht vor Dienstbeginn. Lisbeth, du, ich muß jetzt aber doch ganz schnell los, bitte pack mein Frühstück ein. Die haben schon einen Punktevorsprung, das hol ich doch nie wieder ein. Bitte? Was das alles soll? Das ist unser Baustellen-Poker. Ganz einfach eigentlich: Jeden Nachmittag kriegt jeder von uns eine Haupteinfallstraße zugeteilt. Das knobeln wir aus. Ich hab zum Beispiel heute Langenhorner und Alsterkrugchaussee. Und dann geben wir Anweisung über Funk: Baustelle einrichten. Also ganz gründlich vorweg: Baustellenabsicherung. Zum Beispiel: Fahrbahnverengung auf einspurig oder Fahrbahnverschwenkung auf Gegenspur. Und das Ganze als wandernde Baustelle. Na ja. Und dann hören wir über Verkehrsfunk, wie sich der Stau bildet und wie lang er wird. Siehst du, wer den längsten Stau hat, der hat gewonnen. Das geht alles nach Punkten. Und so, daß die Intelligenz gefordert wird. Richti-

ges Kreativspiel. Äh – man kann immer noch verstärken, stei-
gern. Also noch mal kleine Ampel aufstellen oder noch mal
Vollsperrung wegen Aufstellung von Baustellen-Warnlam-
pen. Und als Joker machen wir dann Müllwageneinsatz am
Baustellenende.

*... Vollsperrung der Wilhelmsburger Reichstraße infolge eines
Unfalls an der Autobahnauffahrt Harburg...*

Ingo hatn General. So ein Schlitzohr! Unfall bringt 180
Punkte. Aber das ist unfair – vor Dienstbeginn. Das kann ich
doch den ganzen Tag nicht wieder aufholen. Bitte, nun bring
mir doch endlich meine Tasche. Die kriegen doch viel zuviel
Vorsprung...

*... nun auch Vollsperrung der B 5 in Richtung Innenstadt in-
folge Sielbauarbeiten an der Autobahnauffahrt.*

Nein! Das geht jetzt aber zu weit. Das ist Kollege Sommer. Da
ist gar kein Siel. Aber er wollte die Baustelle errichten. Aber
er hatte das erst für heute nachmittag vor. Lisbeth! Die haben
mich reingelegt. Alle meine Kollegen sind längst schon aufm
Amt, ohne mir was zu sagen, einfach an mir vorbei, nur weil
ich schon die meisten Punkte hatte. Kollegenschweine, die.

*Achtung, Autofahrer auf der Bramfelder Chaussee. Der Ret-
tungshubschrauber landet auf der B 434 Kreuzung Steilshoop.
Eine Umleitung kann nicht empfohlen werden.*

Das ist unfair, unfair. Hubschraubereinsatz bedeutet Verletzte.
Das gibt tausend Punkte, aber das war doch für diesmal noch
gar nicht vorgesehen. Ich geh ohne mein Frühstück. Ich geh
zu Fuß. Das gilt nicht. Ich lege Protest ein!!!!

Was in Achterndiek in der Nacht geschieht

Vorspiel
Ihr Kinder dieser großen Zeit,
hört her und lernt was dazu:
Ein uraltes Märchen erzähle ich euch.
Vom Fischer un siner Fru!

I
Es war einmal ein Fischer! Und
der ist heut Bürgermeister.
Sein kleines Dorf heißt Achterndiek.
Und Jonny Hansen heißt er.

Und Achterndiek lag achtern Diek
am Strom, verträumt und stille.
Da hörte man nur die Möwen schrein
und Jonnys Frau Sibylle.

Jonny Hansen bürgermeisterte
am liebsten bis nachts um drei
im Dorfkrug Skat und Doppelkopp.
Die See ging hoch dabei.

Doch eines Nachts, der Mond schien hell,
so beim Nachhausegehn,
denkt Jonny: Will doch mal schnell
nach meinen Aalreusen sehn.

Oha, da war ein Schellfisch drin.
Ein Riesenexemplar.
Der ihn so traurig wie ein Mensch
aus großen Augen ansah.

»Ich bin ein Prinz«, sprach da der Fisch
im hellen Mondenschein.
Son Spökenkrom, brummte Jonny nur –
und warf ihn wieder rein!

So was gibt es nur in Achterndiek.
Und das liegt hinterm Deich.
Was in Achterndiek in der Nacht geschieht,
das glaubt kein Mensch, daß es so was gibt.
Und da fehlt dir der Vergleich.

»*Un mine Fru heet Ilsebill.*«
Is god, sä de Fisch.
schall se hebben, wat se will!

II
Als der Bürgermeister nach Hause kam
in der Nacht zu seiner Frau:
Sybille, sagt er, da war ein Prinz,
das war ein Kabeljau.

Komm mal her, sagt sie, hauch mich mal an.
Du bist wohl wieder blau!
Mal langsam, Jonny! Was war das?
Ein Prinz als Kabeljau!

Und wirfst ihn wieder rein? – Ich eß
kein Fisch, wo sprechen kann. –
Mann! Jonny! Geh sofort zurück!
Los, zieh dich wieder an!

Da mußt du dir was wünschen, Mann!
Das ist die Chance zum Glück!
Geh hin und wünsch dir: den Autobahn-
zubringer für Achterndiek! –

Was soll ich wünschen? Ein Autobahn-
zubringer? Was nützt uns der? –
O Jonny, du Döskopp, dann kriegen wir
nach Achterndiek Fremdenverkehr!

Dann wohn wir nicht im Kuhstall mehr,
sondern haben ein Fertighaus.
Und der Bürgermeister stolperte
zurück in die Nacht hinaus.

So was gibt es nur in Achterndiek.
Und das liegt hinterm Deich.
Was in Achterndiek in der Nacht geschieht,
das glaubt kein Mensch, daß es so was gibt
Und da fehlt dir der Vergleich.

»Un mine Fru heet Ilsebill.«
Is god, sä de Fisch,
schall se hebben, wat se will!

III

Als der Bürgermeister nach Hause kam,
der Morgen war schon grau:
Vor einem kleinen Eigenheim
empfing ihn seine Frau.

Und Jonny stand und staunte bloß:
Was ist denn hier passiert?
Der Marktplatz neu. Der Dorfkrug auf
neumodisch renoviert!

Da standen lauter Bungalows
und Weekend-Häuser rum.
Und in der Luft von der Autobahn
ein dumpfes Motorengebrumm.

Ein Segelhafen, Mann o Mann!
Parkplätze allerhand.
Ein Campingplatz mit Minigolf
und ein Nacktbadestrand.

Und Jonny ging zum Dorfkrug rein.
Da schrien sie alle Hurra!
Hier tagt der Fremdenverkehrsverein!
Unser Bürgermeister ist da!

Wir wolln, daß Jonny Hansen spricht!
Denn unser Dank ist groß.
Aber Redenhalten, das konnte er nicht.
Und so sagte er einfach drauflos:

So was gibt es nur in Achterndiek ...

IV

So ging ein halbes Jahr ins Land.
Da war ganz schön Betrieb.
Und es entstanden vier Hotels
im stillen Achterndiek.

Die Vogelinsel bauten sie
zum Segelflugplatz um.
Der Vogelwart lief jetzt mit Eis
und Coca-Cola rum.

Des Bürgermeisters Frau jedoch
erkannte eines klar:
Wir brauchen ein Meereswellenbad
und 'n Kurhaus nächstes Jahr.

Und darum müssen Steuern her.
He, Jonny! Wie kriegen wir die?
Wir brauchen nicht nur Fremdenverkehr,
wir brauchen auch Industrie!

Mensch, Jonny, unser Hinterland
ist Zonenrandgebiet.
Da müssen paar Fabriken hin,
damit die Wirtschaft blüht.

Dem Bürgermeister war nicht wohl.
Sie aber: Steh nicht rum!
Los, Jonny, wünsch von deinem Fisch
ein Industriezentrum!

So was gibt es nur in Achterndiek . . .

V

Als der Bürgermeister nach Hause kam,
seine Frau war stolz und froh.
Sie plantschte schon im Swimmingpool
im Luxus-Bungalow.

Doch Jonny sprach besorgt: Was riecht
so giftig hier die Luft?
Das ist der Aluminium-
und Kupferhüttenduft.

Da sah der Bürgermeister rings
Kamine, Silos und Tanks.
Fabriken, Kräne und totes Vieh.
Ihm war so bange und angst.

Im neuen großen Gemeindesaal
rief ein Herr von der Industrie:
Herr Bürgermeister von Achterndiek,
ein Sanierungsgenie sind Sie!

Er sprach von Arbeitsmarkt und -kraft.
Umsätzen, die zu erzieln.
Aber Jonny dachte: Ich möchte doch bloß
mal wieder Doppelkopp spielen.

Statt dessen sollt er ne Rede halten,
Das war ihm sehr fatal.
In seiner Not fing er an zu singen.
Und da sang der ganze Saal:

So was gibt es nur in Achterndiek ...

VI

Macht euch die Erde untertan,
sprach Gott in seiner Schläue.
Baut Autobahn um Autobahn,
ich mach mir dann ne neue.

Des Bürgermeisters liebe Frau
konnt nachts nicht mehr recht schlafen.
Sie sagte: Jonny, es steht schlecht
um den Containerhafen.

Das Wachstum unserer Industrie
das funktioniert nicht mehr.
Es mangelt uns an Energie.
Ein Kernkraftwerk muß her!

Da wurde Jonny aber blaß.
Nee, rief er, das geht schief.
Das ist gefährlich, und die Luft
wird radioaktiv.

Ach was, rief sie, zu deinem Fisch!
Denn bei Atomkraftwerken
macht man das überall heut so,
bevor die Leut was merken.

Und Jonny ging zum Strom und rief.
Der Fluß war braun und stank.
Nach Stunden kam der große Fisch,
kurzluftig und sehr krank.

So was gibt es nur in Achterndiek …

VII

Als der Bürgermeister nach Hause kam,
war er beeindruckt stark
von seinem altfriesischen Herrenhaus
mit Golfplatz und mit Park.

Am Fluß stand schon das Kernkraftwerk.
Und ne neue Strafanstalt.
Da saßen auch Demonstranten drin,
die hatten mit Gewalt

nicht vor den Baggern weichen wolln,
den Atom-Bauplatz besetzt.
Und weil sie so gerne sitzen gewollt,
na, da sitzen sie eben jetzt.

Und morgen kommt das Fernsehn her!
O Jonny, mein lieber Mann,
die wollen, daß du ne Rede hältst
im ersten und zweiten Programm.

Ich armer Jonny Hansen! Ach!
Ich versteh was von Doppelkopp.
Und ich will keine Rede halten! Nee!
O Gott, o Gott, o Gott!

Er wälzte sich im Bette.
Da sah er im Mondenschein
den Schatten des Reaktors.
Da fiel ihm die Rettung ein.

So was gibt es nur in Achterndiek...

Und Jonny rief: Bald spielen wir
wie früher Doppelkopp!
Ich wünsch mir jetzt von Timpe Te:
Mach mich zum lieben Gott.

Das weiß ich ausm Märchenbuch.
Dann dreht der Fisch zurück
das Rad des Fortschritts in der Welt
und besonders in Achterndiek.

Und Jonny ging zum breiten Strom,
der ganz abscheulich stank.
Jedoch am Fluß ein Wagen vom
Gewässerschutzamt stand.

Ein Mann mit einem Prüfgerät
stand da und murmelte:
O_2 = null, pH-Wert zehn
O weh, o weh, o weh!

Er hielt nen Fisch in seiner Hand.
Der war sehr tot und grau.
Und Jonny hat ihn gleich erkannt!
Min Fisch! Min Kabeljau!

Jonny Hansen lief nach Hause
Angst saß ihm im Genick!
O, Gott, wat schall bloß warn ut uns!
Ut uns – un Achterndiek.

Doch das gibts ja nur in Achterndiek.
Und das liegt hinterm Deich.

Der Arbeitgeber

*50jähriger Mann wird durch die Schlafzimmertür ins Wohn-
zimmer gestoßen. Nur mit Oberhemd und Socken bekleidet
läuft er aufgeregt hin und her.*

In Ordnung! In Ordnung! Ich bitte dich also, mir zu verzei-
hen! Mein Schmetterling! Ich gebe zu, ich habe versagt. Aber
das darf doch die Würde unseres Verhältnisses nicht verletzen! Bitte, sprich doch wieder mit mir! Bitte! Bitte!!

(Nach vorn:) Verdammt noch mal. So ein Aas! Läßt mich
hier rumwimmern! Wieso entschuldige ich mich überhaupt?
Das ist wieder typisch für mich! Wer zahlt denn hier wem
eine monatliche Apanage!

(Wieder vor der Tür:) Manuela? Das kommt doch überall
mal vor. Auch große Beziehungen haben ihre Krisen! Hast du
etwas gesagt? Sei doch bitte nicht so grausam. Ich fühl schon,
wie es mir wieder kommt. Ehrlich, Prinzessin, keine Angabe!

(Wieder nach vorn:) Es genügt eben noch nicht, daß man
jeden Tag wie ein Löwe kämpft, um den Wirtschaftsstandort
Deutschland zu retten! Nein, man soll auch noch ein Super-
mann im Bett sein! Die hohen Lohnkosten in der deutschen
Wirtschaft – mein Gott, die schlagen sich eben auch auf meine
Potenz nieder! *(Zur Tür:)* Ich bin Vorstandsvorsitzender!
Muß ich mir das antun, hier vor deiner Tür zu frieren!

(Nach vorn:) Das ist mir doch nur passiert, weil ich einen
winzigen Augenblick an meine Aktien gedacht habe. Heutzutage Arbeitgeber zu sein und Kapital zu besitzen, das ist doch

der reinste Horror! Je größer die Kapitalmenge, desto größer die seelische Belastung. Das ist etwas anderes, als wenn der kleine Fritz ein paar VW-Aktien hat – der rennt dann jeden Tag zum Sparkassenaushang und guckt nach, um wieviel Pfennige er reicher oder ärmer geworden ist. Aber bei unsereinem geht so was gleich in die Hunderttausende. Wenn man nur eine Sekunde an das Risiko denkt – da vergeht einem einfach alles.

(Zur Tür:) Das ist ganz natürlich! Hörst du, mein Vögelchen. Laß mich doch wieder rein. Die Aktien steigen! Ja, ich beweis dir's!

(Wieder nach vorn:) Miststück! Ein Haus am Tegernsee hätte sie gerne. Damit man sich ungestörter treffen kann. Aber daß unsereinem allein schon diese irrsinnigen Sozialkosten die Luft abdrücken, das interessiert sie natürlich nicht! Alle, alle leben sie nur von mir! Arbeitslos muß man sein in dieser Gesellschaft, wenn man herrlich und in Freuden leben will! Als Unternehmer bist du doch der Trottel für alle! Es darf ja niemand mehr verhungern in dieser Gesellschaft und niemand mehr erfrieren! Der einzige Ansporn zur Leistung, daß der Angestellte eine echte Existenzangst hat, ist ja verboten! Und wer sorgt dafür, daß jeder Penner heutzutage lebt wie Gott in Frankreich? Daß jede Tippse, ob sie verheiratet ist oder nicht, bloß mal kurz hinzuhalten braucht, damit sie schwanger wird, und ich darf ihr ein ganzes Jahr Urlaub bezahlen und muß die Schlampe auch noch wieder einstellen! Bin ich der Heilige Franz von Assisi? Als Unternehmer ist man heute ein Wohltäter der Menschheit, ein Ausbund an Nächstenliebe und Mildtätigkeit. Sie arbeiten nicht und sie leisten nichts – aber der deutsche Unternehmer ernährt sie doch!

(Wieder vor der Tür:) Hast du gerufen, mein Goldvögelchen? Manuela, bitte! Ich habe doch schließlich ein Ansehen zu verlieren! Du, das mit dem Haus am Tegernsee – ich finde, das ist ein guter Gedanke von dir. Ich könnte mal unseren

Makler anrufen. Läßt du mich jetzt rein! Liebling, süße Prinzessin. Ich krieg hier 'n kalten Hintern! Ich muß doch wenigstens meine Hose wieder anziehen! Ach verdammt: Ich lasse mir diesen letzten Freiraum der Romantik, den ich mir mühsam erkämpft habe – man will ja auch mal aussteigen, sich beweisen, wofür man eigentlich lebt –, den lasse ich mir nicht auf diese Weise zerstören!

(Wieder nach vorn:) Wer hat denn hier eigentlich versagt von uns beiden? Wieso kriege *ich* hier eigentlich keinen hoch! *Du* hast ihn nicht hochgekriegt! So rum können wir das ja auch mal sehen! Ich zahl dem Miststück das Gehalt eines Hauptgruppenleiters – und was leistet sie dafür? Auch im Bett soll man mal wieder alles alleine machen! 5000 DM monatlich. Und das geht nun schon drei Jahre so. 180000 DM für die Ehre, ihr zu Füßen liegen zu dürfen. Und das kann ich nicht absetzen. Das darf in keiner Steuererklärung auftauchen. Weißt du überhaupt, wie ich da wieder auf Steuerersparnis verzichten muß? Was unsereinen kaputtmacht, ist ja nicht, daß wir nicht wirtschaften können. Die Erträge sind ja da! Aber Erträge *vor* Steuern! Guck dir das doch mal an, was dann kommt. Gewinn nach Steuern! Steuern auf die Einkünfte – und was da dann noch nachbleibt! Da wirst du blaß oder läufst Amok. – Und die Gewerkschaften räumen ab und räumen ab, das auch noch! Da muß man doch wahnsinnig werden! – Und meine Frau? Und meine Kinder? Damit sie den Schnabel halten, muß man da auch noch immense Summen reinstecken. Und alle, alle leben sie von mir! Keiner leistet etwas außer mir. Aber sie treten mit einer Selbstverständlichkeit auf, als wenn sie auch nur einen Pfennig wirklich selber erarbeitet hätten.

(Wieder an der Tür:) Laß mich rein! Laß mich jetzt endlich rein! Manuela! Du zerstörst die Würde unserer großen Beziehung!

(Wieder nach vorn:) Verdammt noch mal: Warum denn ist mir das passiert? Weil die Sorge um die deutsche Wirtschaft mich niederschlägt. Also gut: Dann soll sie eben auch mal die Folgen der Rezession am eigenen Konto zu spüren bekommen! Vielleicht wirst du ja dann endlich begreifen, daß auch du nachgelassen hast in deinen Leistungen.

Was nützt mir eine Sexbombe, wenn sie mich nicht mehr anmacht! So sieht es doch aus.

(Als diktiere er ein Schreiben:) Meine angespannte Finanzlage zwingt mich, deine monatlichen Bezüge ab sofort...

(Er sieht sie in der Kulisse, es verschlägt ihm die Sprache.)

... deine Bezüge leider...

O Donnerwetter... oh! O ja, mein Schmetterling, laß es uns noch mal versuchen!

Scheinehe

Muß man sich mal vorstellen: Da spricht irgendein Schwarzer aus Nigeria ein blondes deutsches Mädchen an, ob sie ihn heiraten würde. Nur so zum Schein, er braucht den Schein. Und will natürlich auch bezahlen. Und das blonde deutsche Mädchen hat die Kohle bitter nötig als Studentin und sagt ja. Und die beiden lassen sich trauen. Oho! Eine kriminelle Tat. Wird mit Gefängnis bestraft. Also klingelt es zwei Wochen später an der Tür: Guten Tag, ich bin von der Ausländerbehörde, ich möchte mich nur mal eben bißchen umsehen bei Ihnen: Wo ist Ihr Mann? Zur Arbeit, na gut. Wo ist seine Zahnbürste? Aha, na gut. Und das Ehebett...? Hm. Direkt zerwühlt. Naja. Ach und sagen Sie doch mal bitte: Was ist denn sein Leibgericht? Alles vegetarisch. Da haben Sie aber Glück, das hat er auch gesagt. Schuhgröße? 43. Donnerwetter. – Hat er seinen Blinddarm noch? Sie küssen die Narbe? – Würden Sie bitte mal den Oberkörper freimachen. Ja, das ist leider nötig. Unter Ihrer linken Brust soll sich ein Leberfleck be... in Ordnung. Sie können die Bluse wieder zumachen. Na gut, alles stimmig, war ja nur ne Kontrolle. Auf Wiedersehen. – Ha, man ist doch nicht blöd als Student! Wer eine Scheinehe eingeht, bereitet sich vor heutzutage, die sitzen zwei Nächte – und haken alle Punkte ab, die gefragt werden.

Aber merkwürdig! – trotzdem liest man immer wieder davon, daß Ehen annulliert werden, weil sie nur auf dem Papier bestanden. Die einen gehen dafür ins Gefängnis, die andern werden dafür zurück in die Wüste geschickt.

Die Erklärung ist sehr einfach. Immer wieder passiert es nämlich, daß der Eheprüfungsbeamte aus Versehen auf den falschen Klingelknopf drückt. Ist ja auch manchmal sehr unübersichtlich – so eine Namensreihe mit Klingelknöpfen unten vor der Haustür. Also: Der Beamte klingelt. »Ja, bitte?« – »Ich bin von der Behörde. Es geht um Ihren Ehemann.« – »Um Gottes willen. Ja kommen Sie rein.« Und das Unglück nimmt seinen Lauf. »Sind Sie Frau Nowack?« – »Ja, ja, das bin ich.« – »Wo befindet sich Ihr Ehemann?« – »Woher soll ich das wissen. Wahrscheinlich in der Kneipe.« – »Aha, Sie wissen also nicht, wo er ist?« – »Was ist denn los? Haben Sie ihn wieder mit diesem Miststück erwischt?« – »Hier stellen wir die Fragen. Würden Sie mir bitte mal seine Zahnbürste zeigen?« – »Zahnbürste? Weiß ich nicht, ob er sich die Zähne putzt.« – »Aha! Hier ist ja nur *ein* Bett benutzt in Ihrem Schlafzimmer!« – »Ja, sicher. Meistens schläft er woanders und wenn er hier schläft, geh ich aufs Sofa.« – »Und sein Lieblingsgericht?« – »Ja, äh Holsten-Pilsener und ein Doppelkorn.« – »So, so, so!« – »Und: Blinddarmnarbe?« – »Wie bitte?« – »Hat er eine Blinddarmnarbe?« – »Weiß ich nicht, da hab ich noch nicht nachgeguckt.« – »Aha! – aber *er* behauptet, regelmäßig Geschlechtsverkehr zu haben.« – »Ja, ja, das glaub ich schon. Bloß nicht mit mir.« – »Und seine Religion?« – »Ja, warten Sie mal. Schalke 04 glaub ich …« – »Bitte ziehen Sie Ihre Bluse aus. Ich muß den Fleck unter Ihrer linken Brus …« – »Das ist ja unerhört. Ich habe keine Flecken. Ich wasche mich im Unterschied zu ihm …« – »Ja. Das genügt. Sie versuchen, die Behörde in die Irre zu führen. Sie sind gar nicht verheiratet. Ich sage es Ihnen auf den Kopf zu: Ihr sogenannter Ehemann und Sie: Sie führen eine Scheinehe! Geben Sie das zu?«

»Naja, wenn Sie das so schonungslos sagen: Gedacht hab ich das schon lange!«

Robert, der Penner

Kommt mit Plastikbeuteln und will sich unter die Brücke setzen.

Tschuldigung, Chef – Sie gestatten doch. Sie können aber gerne weiterrauchen. Ich zeig Sie nicht an. Ich sag immer: Raucher sind ja auch irgendwo noch Menschen. Obwohl: das haben Sie sich aber selber zuzuschreiben, daß Sie sich hier unter der Brücke müssen, um ihren Qualmknödel zu inhalieren. Aber der Wind kommt ja auch von meiner Seite. Aber wie gesagt: mich geht das nichts an. Vielleicht kleinen Schluck aus der Flasche als Trösterchen? *(Hält ihm eine Bierflasche hin.)* Bier ist erlaubt. Das ist mehr so eine Art Kulturgut.

Ich hab eben grad noch die Kurve gekriegt in der City. Mein Kumpel Bernie haben sie kassiert. Aber ich hab da 'n Blick für: die kommen in Zivil mit vier Mann so ganz harmlos angeschleudert – und du sitzt da vor Karstadt oder was – und ruckzuck! drehen sie dir die Arme aufn Rücken. Ehe du einmal piep sagst, liegst du auch schon aufn Lkw.

Verbringungsgewahrsam. Fahrn Sie dich gratis an Stadtrand und setzen dich da raus. Wie sie das mit den falsch geparkten Autos auch machen. Aber das ist nur wegen der Visitenkarte der Stadt. Weil der Anblick der Armut, sagen die beim Senat, verdirbt den Passanten irgendwie die gute Laune oder daß ihre Einkaufslust denn ermüdet. Dabei find ich das eigentlich Quatsch. Wenn unsereiner bißchen kaputt so vor ein Juweliergeschäft liegt – z. B. ich mein: das *hat* doch sogar irgendwie was. Dieser Kontrast könnte doch gewissermaßen so eine moderne Ästhetik ergeben, wenn Sie wissen, was ich meine: so wie bei dieser Modefirma. Blutgetränkte Sweatshirts ausn Krieg – oder verhungernde Kinder – eben einfach als ästhetischer Anblick, damit man sich wohlfühlt beim Einkaufen. Aber nein: die Geschäftsleute sagen, ihre Kunden kriegen ein schlechtes Gewissen, wenn sie da goldene Uhren kaufen und müssen sich dabei das Elend angucken. Das doch altmodisch gedacht. Je reicher einer ist heute, desto schöner ist es doch für ihn, wenn er dabei einen verhungern sehn kann. Ist doch normal. Weil die Reichen werden ja zwar immer reicher – aber immer weniger. Die vereinsamen direkt. Während unsereinem sozusagen die Zukunft gehört.

Na, dochn kleinen Schluck? Champagner! In echt. Ich hab schon Sodbrennen von den vielen Schampus. Aber als Stadtstreicher bist du ja heute fast schon verpflichtet, bißchen den Luxus raushängen zu lassen. Seit die Herren von der FDP das überall schon rumposaunen: daß wir sogenannten Penner zu ihrer Partei der Besserverdienenden gehören. Darum fordern sie auch immer die Bettlersteuer und die kommt, das ist mal sicher. Ich persönlich find das großartig. Dadurch würde unsereiner ja gesellschaftlich gesehen unwahrscheinlich aufgewertet. Denn wär man plötzlich ein Gewerbetreibender. Ich hab mir ja schon ein Quittungsblock besorgt: »Danke, der Herr für die Mark. Hier die Quittung fürs Finanzamt. Ich kann auch drei Mark aufschreiben, kommt nicht drauf an.« Wir sind ja praktisch Millionäre. Jeden Tag mindestens tausend Mark steuerfreie Einnahmen. Bloß schade, daß mein Kumpel Richi das wohl irgendwie nicht geschnallt hat. Weiß der Henker, wo er seine Millionen gelassen hatte. Sein letztes Kellerloch haben sie ihn wegen Mietrückstand gekündigt. Ja, aber dadurch daß er überhaupt ein eigenes Zimmer hatte, war er schon verweichlicht. Und dadurch ist er denn erfroren vo-

rigen Winter an der Alster da unten. Na ja: zuerst hatten sie
ihn denn gleich die Stütze gekürzt, ne. Er hatte immer noch
dreißig Mark Zuschuß für Geschirrspülmittel und so. Aber
weil er keinen festen Wohnsitz mehr hatte, haben sie gesagt,
braucht er ja auch sein Geschirr nicht mehr zu spülen. Also
was soll er mit den dreißig Mark? Sozialmißbrauch. Denn
hatte er noch einen Schlafsack beantragt. Mußt dir mal vorstellen: als besserverdienender Penner ein Schlafsack beantragen! Und haben sie natürlich auch abgelehnt. Er hatte das
Schreiben immer original bei sich: »... da ein Schlafsack zum
Hausrat zu rechnen ist. Dieser wiederum setzt einen festen
Wohnsitz voraus. Mit der Bezuschussung eines Schlafsackes
für Obdachlose würde das Nächtigen im Freien behörd-
licherseits unterstützt, was auf jeden Fall abzulehnen ist.« – Ja
klar, Sie wollten ihn einfach zwingen, sich als vermögender
Penner endlich mal ein anständiges Apartment zu mieten.
Aber Richi, stur wie er nun mal war, weiter unter der Brücke
geschlafen – und plötzlich war er erfroren. Haha. Na ja. Aber
das soll ein schöner Tod sein. Erfrieren, mein ich. Hat mir
einer erzählt. Zuerst, sagt er, ist das ne ganze Zeit sehr unangenehm. Aber denn mit einmal fängst du plötzlich an zu
schwitzen. Mitten in Winter. Bei zwanzig Grad Kälte. Richtig
gemütlich, richtig mollig, sagt er. Nurn bißchen kurz. So
zwei, drei Minuten. Und denn ist Sense. Denn klappst du ab.
Aber: hast das vorher nochmal richtig schön warm gehabt.

Naja, und das wissen die natürlich von der Behörde. Die
würden ja niemals einen Menschen einfach so erfrieren lassen.

So, ich geh jetzt in mein Selbstbedienungsladen. Also das ist
ja ein Segen, daß die Stadt die Leute jetzt immer zwingt, daß
sie ihren Müll sortieren müssen. Nach Plastik und Metall und
Papier – und Biomüll. Wunderbar. Du brauchst manchmal
nur so reinzufassen, das kannst du gleich so wegfressen. Ja,

ehrlich: Manchmal wundert man sich richtig, wie gut einen das geht.

(Steht ächzend auf, schimpft.)

O Mann, Chef, jetzt blasen Sie mir ja Ihren ganzen Nikotinqualm ins Gesicht. Mein Gott, da kriegt man Krebs von.

(Humpelt davon, sieht nochmal zum Raucher zurück.)

Manchmal zerreißt einen das richtig das Herz, wenn man so eine arme Sau von Raucher mitansehen muß …

Der Single

Nee, hab ich mir gesagt, Rüdiger, du kannst doch nicht völlig nüchtern auf die Silberhochzeit von Gisela und Herbert gehen. Also – nochn Fernet branca. Stell dir das mal vor! 25 Jahre verheiratet. Daß sowas überhaupt erlaubt ist. 25 Jahre mit einer Frau. Nee, Kurt. Ich bin einfach »born to be wild«. Ich war auch mal offen für die Ehe. Angelika, das war meine erste. Vater Kapitän. Also rein von der Kohle her keine schlechte Partie. Haus an der Elbe hätte ihr mal gehört. Sie hatte einen leichten Silberblick – aber da konnte man sich dran gewöhnen. Bloß: mit einmal kriegt sie die Kinderkriegetour. Ich mein, wir hätten Reisen machen können und alles – da fängt sie plötzlich an und will, daß wir zusammen Kinder haben. Ich kann Kinder nicht ausstehen. Geschrei und vollgeschissene Windeln und ewig sind sie um dich rum und malen die Tapeten an. Das kann doch nicht mein Leben sein. Aber sie damals, das Aas: legt mich rein und ist schwanger. Ich ganz klar: Das läßt du dir wegmachen, oder wir sind geschiedene Leute. Da fängt sie an: Das geht nicht, das wäre ja Mord! Also, da wäre ich bald geplatzt. Nie hat sie was mit der Kirche am Hut gehabt. Hat sich immer lustig gemacht übern Papst und sein Konditor-Hut – und mitn mal macht sie ein auf »Ungebornes Leben« und ich würde sie zum Mord anstiften. Also bin ich gezwungen gewesen, das Weite zu suchen. Ich meine, das müßte doch sogar eine Frau irgendwie begreifen können, daß die Ehe für den Mann, der nun mal zur Freiheit geboren ist, nicht gleich auf Kinderkriegen rauslaufen darf.

Na ja – dann gab es ja da als nächstes meine Klavierlehrerin. Klara. Kam mir ja seelenmäßig sehr entgegen. Kunst, Kreativität, Freiheit! Also Klara, die hätte ich ja geheiratet. Sie hatte ja ein eigenes Einkommen. Klavierlehrerin – gar nicht so schlecht, was son Mädchen da zusammenverdient. Immer schön bar auf die Hand. Ohne Quittung. Bloß, die war sowas von spießig. Hat sie mich ewig genervt, daß ich trinke. Dabei war ich dazu gezwungen. Wenn sie den ganzen Tag in der Wohnung Unterricht gibt, muß ich mich ja ausm Staub machen. Ich mein: das war ne schöne Zeit. Ich hatte enorm viele Freunde. Wir haben uns jeden Tag einen auf die Nase gegossen, ist ja klar. Born to be wild, mein Motto immer noch. Aber dann immer nachts, wenn ich nach Hause komme: »Du hast schon wieder getrunken! Ich kann betrunkene Männer nicht ertragen! – Und sowas will ne Künstlerin sein. Hab ich ihr alles bewiesen – von Mozart und Schubert bis Helmut Zacharias – alle hatten sie es mitn Alkohol. Sei doch stolz, hab ich gesagt, daß du einen Mann hast, der wenigstens von dieser Seite mit deiner Künstlerexistenz mithält. Aber sie immer: »Und alles von meinem sauer verdienten Geld! Ich sag: Nun gibt es mal einen Mann, der sich finanziell von seiner Frau abhängig macht – und das ist denn auch wieder nicht richtig. Ja, bitte, hat sie dann gemeint: dann mach doch auch die Küche und die Wohnung. Haha, ich kann mich beherrschen. Ich überlaß dir gern deinen Beruf, hab ich gesagt, aber darum nehm ich dir noch lange nicht deine angeborenen Rechte als Hausfrau weg! Ja, da wollte sie mir kein Geld mehr geben. Das Ende war: Sie hat das Schloß auswechseln lassen, daß ich nicht mehr rein konnte. Von mir aus auch. Also, da konnte ich mir nun auch wieder nur sagen: An dir hat es nicht gelegen, Rüdiger!

Nee, Kurt, silberne Hochzeit.

Also, daß das mal klar ist: Ein Mann ist nun mal von Natur

aus für mehrere Frauen gut. Ich bin einfach weg von der bürgerlichen Vorstellung: Mann ernährt Frau. Lydia war schon 54 – damals 10 Jahre älter als ich. Sie fuhr einen Bentley und hatte ein Bungalow in Othmarschen. Witwe eines wohlsituierten Hydraulikpumpen-Herstellers. Lydia und ich an der Riviera, Lydia und ich in den Staaten, in allen Hotelbetten der Welt. Aber die war so geizig: die hat mir nichtmal Zeichnungsberechtigung für ihre Kreditkarte gegeben. Ne. Also da war ich denn ganz froh, wie das vorbei war.

25 Jahre verheiratet – mein lieber Herbert, liebe Gisela. Ihr wißt ja gar nicht, was euch aus der Nase gegangen ist.

Mit wem ich jetzt zusammen bin? Ky-Lai-Wu. Runde 5000 Mark plus Flugticket. Hatte ich ja eigentlich gar nicht nötig. Sie beschwert sich nie, das Mädel. Nur hinterher: Danke. Also eigentlich ... Bloß – ich hab das Gefühl: wir passen kulturmäßig nicht zusammen. Ich kann ja keinen Freund mehr in die Wohnung lassen. Überall hat sie ihre Buddhas und Gebetsmühlen rumstehen. Aber was mich so richtig stört, ist: ich kann sie nirgendwo mit hinnehmen. Weil: unsere Gesellschaft ist noch nicht so weit. Daß man ein multikulturell denkender Mensch ist, das begreifen ja alle diese Spießer nicht.

Warum erzähl ich das alles? Weil ich zur silbernen Hochzeit muß. Also schwerer Gang für mich. Immer in Freiheit, immer born to be wild.

Ein Abgeordneter

In der einen Hand eine Rotweinflasche, in der anderen einen Strick, nimmt einen Schluck, versucht, sich den Strick um den Hals zu legen.

Jawohl, ich mache Schlu...luß. Komm her, du Strick, du hast die Ehre, einem deutschen Abgeordneten das Genick zu ersticken... nun, komm schon, ich will nicht mehr... dieses Volk ist es nicht wert... *(Es gelingt ihm nicht.)* Ach, Scheiße... keiner tut, was er soll *(nimmt noch einen Schluck, fällt auf einen Stuhl).* Zehn Privatfahrten mit Dienstwagen. An die Riviera. In privaten Bungalow... Privatfahrten mit Dienstwagen. Das sagt doch schon der Ausdruck. In einem Dienstwagen ist alles dienstlich, erst recht das Private. Und wenn ich in Urlaub fahre, fahre ich dienstlich in Urlaub und wenn ich ein Haus an der Riviera... *(weint)* Man opfert seine Gesundheit für das Volk, man trinkt sich halb zu Tode auf allen möglich politischen Verpflichtungen... Wenn ich in Urlaub fahre, dann fahre ich in Urlaub, um mich für den deutschen Bürger wieder fit zu machen. Aber nein: Diese Schmierfinken wollen diesem, meinem geliebten Volke ihren Diener kaputtmachen. Ich bin ein Diener des Volkes – jawohl, ich diene dem Volke sogar, wenn ich schlafe, im Bett oder Bundestag, ist doch egal.

Aber nein, sie schreiben, was für ein Name? Vorteilsnahme. Komm her, du Strick und schlinge dich mit einer Schlinge, ich will sterben, hast du verstanden: Nicht für mich, nur für den

Bürger. Ich habe dieses Band hier selbst bezahlt, von meinen ärmlichen Diäten, habe ich es bezahlt. Damit sie nicht schreiben: er hat sich aufgehängt mit einem vom Steuerzahler bezahlten Strick ... verdammt nochmal, das muß doch gehen irgendwie ... *(Nimmt wieder einen Schluck.)* 24 Stunden am Tag ist man als Politiker Politiker. Wenn ich morgens erwache, mein erster Gedanke: Wie kann ich meinen Gegenkandidaten irgendwas anhängen. Um Schaden abzuwenden vom Volke. Wenn ich meine Zähne putze, ist es nur für Deutschland, weil ich das Volk vertrete, und das Volk darf keinen schlechten Mundgeruch haben. Wo bin ich da Privatmann? Der Politiker hat sein Profitleben, wie, was?, sein Privatleben dem Volke geopfert. So ist das nämlich. Daß mir die Brauerei drei Fässer Bier und zwei Kisten Champagner ohne Berechnung überlassen hat für den Geburtstag meiner Frau Gattin, daraus wollen sie mir auch einen Strick ... Komm her, du Strick und erbarme dich meiner ... Den fünfzigsten Geburtstag von dieser alten Zimtzicke, Giftschlange ... meiner hochverehrten Gattin, wollte ich sagen, das ist doch nicht irgendein Fest wie bei normalen Leuten, da demonstriere ich die gesunde Verbindung unserer Famililie, das Vorbild einer Ehe nach 23 Jahren. Was glauben die denn, wie mich das ankotzt – aber wenn ich mich scheiden lasse, verlier ich doch die nächste Vorstandswahl, so eine Scheiße – und das soll Privatleben sein?

Ich will Ihnen mal was sagen: als ich mit dem blonden Mercedes nach dem Jubilum von Laura, nee umgekehrt: nach dem Jubibiläuum von Merdeces – mit Laura im Hotel ... Das war ein hochoffizieller Akt, ein sozialpolitischer. Kaum, daß ich mich entspanne, fragt mich Laura doch tatsächlich, ob sie mir nicht als Abgeordneter einen Kindergartenplatz besorgen kann ... Hotelkostenabrechnung für Privatvergnügen, schreien diese Schmierfinken natürlich ... da kann man sich doch nur den Strick... Als Abgeordneter bist du sogar im Bordell... da darf ich gar nicht rein, könnte ja rauskommen... Ich habe die Pro-pro-pro-stituierte Frau Marlen Möller in der Angelegenheit Renten- und Arbeitslosenversicherung für ihre, wie heißt das – liegende Tätigkeit – Gewerbe beraten. Alles dienstlich, denn wir brauchen jede Stimme. Vorteilsnahme. Das war lediglich eine Betriebsbesichtigung, um einen Einblick in Frau Marlen Möller – also in die Praxis, wollte ich sagen. Ach, das glauben Sie mir ja doch nicht...

Es gibt kein Privatleben für unsereinen. Glauben Sie, ich fliege mit 200 000 Mark Bargeld in die Schweiz, um es vor der Steuer zu verstecken? Ich habe gewissenhaft die Zuverlässigkeit der deutschen Zollbehörden bei der Geldwäschebekämpfung überprüft und mußte leider feststellen, daß sie äußerst lückenhaft ist und dem deutschen Gemeinwesen jährlich Milliarden und Abermilliarden an Steuergeldern verlorengehen, wenn es jedem Normalbürger gelingen kann, sein Bargeld genauso wie ich bei der Credit Suiss zu deponieren. Sogar sein sauer erspartes Kapitel schafft man auf diese Weise ins Ausland als Opfer für das eigene Volk, ich weiß doch gar nicht, wie ich es jetzt jemals wiederkriegen soll.

Ich halte diese Verleumdungen der Presse nicht mehr aus. Herzlos ist das. Herzlos. Als Politiker bist du kein Privatmann mehr, und alles, was du privat machst, tust du nur für das Volk. Aber es liebt mich nicht mehr. Es glaubt meinen Verleumdern. Ich hänge mich auf. Komm her, du Strick und erstricke mich... *(Legt sich den Strick um, steigt auf den Tisch, besinnt sich, steigt wieder runter.)* Nein! Das kann ich dem deutschen Volke nicht antun!

Der Videorecorder

Kunde kommt mit einem Videogerät in ein TV-Radio-Geschäft.

KUNDE Bitte sehr, ich habe dieses Videogerät hier am Donnerstag bei Ihnen gekauft. Dann habe ich den Musikantenstadl für meine Frau aufgezeichnet – aber das Gerät zeigt die Schwarzwaldklinik, auch noch die Wiederholung.

VERKÄUFER Oh, das ist ärgerlich, das kann ich gut verstehen. Aber das liegt dann ganz bestimmt nicht am Gerät. Sie müssen es falsch programmiert haben, entschuldigen Sie.

KUNDE Falsch programmiert? Sie haben doch gesagt: das kann praktisch gar nicht mehr vorkommen. Kinderleichte Bedienung.

VERKÄUFER Ja, allerdings. Sie brauchen ja auch wirklich nur mit der Flüssigkristall-Display-Fernbedienung LCD das Auto-Menu zu wählen und über Input-Select den Timer aufzurufen, um das VPS-Signal einzugeben, sofern die gewünschte Sendung VPS-gekennzeichnet ist, wobei sich zusätzlich empfiehlt, den automatischen Spurlagennachstellregler hier über den Eingangsimpuls L2 zu aktivieren. Einfacher gehts doch nun wirklich nicht.

KUNDE Bitte? Mit welchem Spurwageneinkaufspegler denn?

VERKÄUFER Spurlagennachstellregler. Das ist doch nun wirklich nur ein Kinderspiel. Nachdem Sie den SLV 815 UB-Selektierregler über VTR 3 vorangewählt haben, kann praktisch gar nichts mehr schiefgehen, weil dann brauchen

Sie ja nur noch per Abrufimpuls über Search-Automatic-Forward Ihren Bediener-Befehl in das 36-Channel RF mit Feinabstimmung über die Timerdateneinblendtaste – hier unten, sehen Sie, dieses kleine Blinkdisplay – einzugeben –, und das Gerät macht alles alleine.

KUNDE Ja, das ist ... das ist einfach, ja. Aber wie kann denn dann die Schwarzwaldklinik statt der Musikantenstadl ...? Meine Frau ist mir ja immer noch böse ...

VERKÄUFER Erklärbar ist das eigentlich nicht. Haben Sie Input-Select vor oder erst nach Execute über Automenu gedrückt?

KUNDE Kaputt geschmeckt? Wie meinen Sie das jetzt? Kaputt gestreckt glaube ich nicht, daß es das schon wäre, aber ...

VERKÄUFER Sehen Sie, das ist doch so einfach. Sie haben ja sogar die Gegenkanalkontrolle im Direktprogramm durch die TV-in-TV-Funktion, so daß Sie das verkleinerte Videobild im laufenden Programm – oder haben Sie etwa die P-in-P-Funktion angewählt, wobei dann das Programmbild in die Video-Aufzeichnung eingespielt wird bei gleichzeitiger Eingabe der Timerdate in das Großformat. Aber nein, dann hätten Sie ja die Schwarzwaldklinik und den Musikantenstadl gleichzeitig – also der Musikantenstadl dann als eingeblendetes Kleinbild in der Schwarzwaldklinik?

KUNDE Ach so. Nee. Das müßte ich dann vielleicht nochmal nachsehen. Das glaube ich aber wirklich nicht. Das wäre meiner Frau auch aufgefallen.

VERKÄUFER Na, na, na, na! Wenn Sie den richtigen Kanal über Transmit auf dem Flüssigdisplay mit dem automatischen Searcher – auf den Terminal-Tuner-Preset im Normal-Pressing-Outline-Channel gelegt haben – können Sie überhaupt englisch ...

Kunde Ja, doch. Ganz gut soweit. Aber der Tubenpresser hat ja dann vielleicht auf Durchfahrt gestanden und ich habe einfach nur vergessen, den Record-Liner hinten festzumachen – oder sowas. Ja?

Verkäufer Ja, richtig! Das ist es. Ich sagte Ihnen ja: So einfach. Da kann man nichts mehr falsch machen. Einfacher geht es nicht.

Kunde Ja, danke sehr. Jetzt weiß ich Bescheid. Auf Wiedersehen.

Verkäufer *(allein):* Den Record-Liner auf Tubenpressing? Aha. Wo hat er denn den hinten festgemacht?

Im Tempel der Düfte

Manchmal, wenn ich an einem Kosmetikgeschäft – o pardon: Kosmetik-Salon – vorbeigehe, erinnere ich mich an jenes erste Mal, als ich der Frau meines Lebens ein Parfüm kaufen wollte.

»Kann ich Ihnen helfen?« fragte mich eine Filmdiva im weißen Kittel mit betäubendem Duft und einem überirdischen Teint.

»Ich möchte ein Parfüm kaufen.« Noch immer spüre ich den nachsichtig milden Blick der betörenden Schönen, der mir zu sagen schien: Aus welchem Urwald kommst du denn? Ihre Worte aber waren freundlicher.

»Da zeige ich Ihnen wohl erst einmal eine Auswahl unserer Kollektion. Dann entscheiden wir uns.« Wir uns. So, wie der Arzt seinen etwas schwachsinnigen Patienten anspricht.

Ach, und dann sprühte sie sich fünf verschiedene Düfte auf ihren zerbrechlichen Handrücken und weiter hinauf auf ihr Handgelenk. Dann streifte sie den Ärmel hoch, ihr feenhaft zarter Arm kam zum Vorschein, und überallhin sprühte sie die verschiedenen Düfte.

»Riechen Sie«, sagte sie.

Ich erschrak. Ich Unwürdiger sollte meine ordinäre Nase erst über ihre Hand und dann den weißen, zarten, zerbrechlichen Arm dieser Elfe hinaufführen und sie abschnuppern? Ich errötete, aber ich war folgsam. Ich schnupperte und wählte irgendeinen Duft.

»Nils Holgersson«, sagte die Schöne. »Als Essential, als

Deo oder als Water? Oder soll es ein Shower-Balm oder ein Bath-Oil sein?«

Ich muß sehr dämlich geguckt haben. Mein fragender Blick veranlaßte die Schöne zu einem nachsichtigen Lächeln, als wollte sie sagen, oh Gott, wie groß kann menschliches Elend sein!

Aber höflich erklärte sie mir dann, was ich bis heute nicht ganz begriffen habe. Nur so viel habe ich verstanden: Frauen schweben wohl ständig in Lebensgefahr. Um Himmels willen nicht das falsche Bath-Oil für die fettarme Haut bei gleichzeitiger Benutzung einer Bodylotion mit tiefschürfender Aufbauwirkung und nachfolgender Verwendung eines Deo-Natural-Sprays in der Softstufe anwenden. Und was heißt hier Parfüm? Das ist ungefähr so, als würde man ins Vier Jahreszeiten gehen und zum Ober sagen: Guten Tag, ich habe Hunger.

Parfüm? Ja, was denn? Eau de Toilette in der Magerstufe oder Eau de Parfüm als Deospray mit Transpirationsstop und doppeltgewürzter Endverduftung. Oder vielleicht besser ein atomisiertes Poren-Naturessenz mit tiefer Betäubungswirkung?

Nie wieder gehe ich in einen Parfümladen, äh, pardon, Kosmetik-Palast, und verlange ein Parfüm. Ich sage vielmehr: Haben Sie nicht etwas von der Marke Illusion für vor dem Duschen, aber nach dem Abtrocknen, so mittelfett als Zusatzlotion zum Showergel. Für den busenfernen Hautbereich in Naturalbalm-Ausführung als Milchmix?

Niemand lacht mich dann aus, feierlich und ganz selbstverständlich greift die schöne Verkäuferin nach einer ganz bestimmten Flasche. Ich entrichte an der Kasse mein halbes Monatseinkommen, und die Frau meines Lebens fällt mir zu Hause um den Hals und sagt: »Oh, Schatz! Woher wußtest du? Genau das hat mir gefehlt!«

Wir nicht

Wenn ich je zu dir sagen werde:
Uns fehlt zu unsrem Glück ein Stückchen Erde,
ein zweiter Wagen, ein kleines Haus,
dann wirf mich raus.
Wenn es dich eines Tages wird stören,
morgens beim Frühstück mein Schlucken zu hören
oder die Art, wie ich schneide den Quark.
Ja, dann sei stark.

Wir nicht! Wir nicht!
Wer werden nicht vor der verblühten Blume stehn
und lügen, sie sei noch schön.

Wenn du mich je wirst sagen hören:
Bitte, mich nicht bei den Nachrichten stören,
bevor ich mit dir leben kann,
dann spuck mich an.
Wenn ich je denke: Was soll es bedeuten?
Lohnt es sich noch, mit ihr zu streiten?
Oh, Herr im Himmel, dann gib mir die Stärke,
daß ich es merke!

Wenn ich je eine andere nähme,
und zwar mit dem Hinweis, daß so etwas vorkäme
und daß ein Mann es so haben muß,
dann, bitte: mach Schluß.

Wenn ich sage: Ich liebe dich
und doch nur meine: sie dauert mich.
Ich muß ihr ja geben Bett und Brot,
dann – bin ich schon tot.

Wir nicht! Wir nicht!
Wir werden nicht vor der verblühten Blume stehn
und lügen, sie sei noch schön.

Der Banküberfall

Sören, 17, sitzt am Computer in seinem Dachzimmer. Ede, sein Vater, tritt ein. Schweißbrenner, Stethoskop, Beutesack, hochgeschobene Maske, Einmannzelt und Straßenschilder

EDE Junior, mach dich klar. Wir gehen Fische fangen.

SÖREN Papa, was soll das? Bitte stör mich nicht.

EDE Kreissparkasse Elmshorn. Hier sind die Zeichnungen. Paß auf: Wir steigen über die Kanalisation im Hinterhof vom Supermarkt ein. Dazu bau ich dieses Zelt überm Kanaldeckel auf. Mit den Schildern. *(Tut es.)*

SÖREN Ach, Papa, was soll denn der Blödsinn. *(Zeigt auf den Bildschirm.)* Ich bin grad drin im Labor von La Roche, mein Gott. Ich muß bis heute abend ne Formel liefern an meinen Auftraggeber. Du immer mit deinem Spielkram.

EDE Spielkram? Ich hab zweimal sieben Jahre und einmal fünf Jahre wegen Bruch gesessen, Söhnchen. Alles, damit mein Sohn es mal besser haben sollte. Was glaubst du, wem du das alles hier verdankst?

SÖREN Augenblick, Alter. Ich bin kurz davor… Das hier – diese Zeile – guck doch mal her – ist ein trojanisches Pferd, Papa. Das schmuggel ich denen jetzt direkt in den On-Line-Key. Die müssen das fürn Virus halten, den sie eliminieren müssen. Aber grade das ist die Falle, dadurch aktivieren sie den Pseudocode, und ich hab die Correction…

EDE *(wieder mit dem Plan)* Quatsch nicht, Junior. Weißt du was das ist? Die Originalbauzeichnung. Die hat Eisenfinger-Bernie fünfzehn Jahre lang im Keller versteckt gehabt. Dafür ist damals der Assi vom Bauingenieur übern Jordan gegangen. Da! Da – sieh es dir an, Junior! Da steht er, der Schrank! Und das hier ist die schwache Stelle! Wenn wir hier durchbrechen, haben wir nur noch die Lichtschranke vor uns und ...

SÖREN Papa. Ich hab keine Zeit! Das sind doch alles viel zu kleine Fische. Von dieser Formel hier hängt die Weltwirtschaft ab. Du ewig mit deinen kleinen Bankeinbrüchen ...

EDE Okay. Ich weiß Bescheid. Der Herr Sohn schämt sich mal wieder für seinen Vater. Ehrliches Handwerk bedeutet ihm ja nichts mehr. Also, geh ich wieder allein. *(Packt seine Sachen ein.)* Eisenfinger-Ede und Karlchen, die Laus, sind Punkt Null Uhr hinterm Edeka-Laden. Wir brauchen dich nicht, mein Junge. Wir sind noch lange kein altes Eisen. Auf deine Scheiß-Bildschirme können wir gerne verzichten. Gelumpe!

SÖREN Papa, hör auf. Also gut. Was war das? Kreissparkasse Elmshorn. Augenblick mal. *(Tippt in den Computer.)* Über Directmail www-ex-landesbank-logomix, Rücklagenkonto karstadt wwswx – Augenblick, er muß eben noch suchen ... das, da ist er schon ... Wieviel brauchst du?

EDE Naja, ich dachte so an ... Weißt du, Eisenfinger-Bernie möchte seinen Anteil haben ...

SÖREN 12368,45 Eier vom Rücklagenkonto Karstadt-Frankfurt-AG. So – eben noch die Spur löschen – alles klar. Stehen auf deinem Girokonto, Papa. Kannst du morgen früh abheben bei deiner Sparkasse. Aber nicht wieder die Maske dabei aufsetzen, Papa.

Die Demo-Eintrittskarte

Polizist sitzt hinter einem Verkaufsstand mit Aufschrift: Demo-Karten und Kautions-Kasse, davor ein Demonstrant mit zu-sammengewickeltem Transparent.

DEMONSTRANT Was bitte? Wie bitte? Was und äh – wofür soll ich bezahlen? Ich versteh das nicht ...

POLIZIST Nun tun Sie aber mal nicht so total uninformiert. Die Pflicht zur Demonstrations-Kautions-Hinterlegung besteht laut Landesgesetz schon seit dem ersten dieses Monat. Das sollten Sie als Demonstrant aber wissen. Erkundigen Sie sich denn nicht über alles, ehe Sie demonstrieren?

DEMONSTRANT Was denn für eine Kaution? Plu – to – ni – um – bringt – uns – al – le – um!! *(will weiter.)*

POLIZIST Halt! Begehen Sie jetzt aber keine Ordnungswidrigkeit! Haben Sie mich nicht verstanden? Erstmal erstens: die Eintrittskarte, dann zweitens: die Kautionshinterlegung – und dann können Sie demonstrieren, solange Sie wollen!

DEMONSTRANT Das darf doch nicht wahr sein! Ich soll – sagen Sie mal – ich soll Eintritt bezahlen, wenn ich zur Demo gehe? Also: ich bin Bürger der Bundesrepublik Deutschland. Ich habe laut Verfassung – Artikel 8 – das Recht auf Freiheit der Versammlung und Demonstrationen!

POLIZIST Aber klar doch! Will Ihnen doch auch niemand nehmen. Nur für die Kosten, die das kostet, müssen Sie natürlich selber aufkommen! Wobei wir dann unterscheiden müssen zwischen direkten Veranstaltungskosten für Absperrung, Straßennutzung und -reinigung usw. – dafür erheben wir den Eintritt: 12 DM die Normalkarte, Preisgruppe C – oder wollen Sie erste Demo-Reihe, im unmittelbaren Drehbereich der Fernsehkameras? Das wäre die Preisgruppe A: 26 Mark 80!

DEMONSTRANT Aber wieso? Laut Verfassung habe ich doch das Recht... Ich verunreinige überhaupt nichts. Ich setze mich friedlich auf die Straße und fertig...

POLIZIST Sitzblockade, aha, ja. Sehen Sie: und wenn wir Sie dann wegtragen müssen? Versuchen Sie auch, diesen Service von einem Privatunternehmen durchführen zu lassen, da werden Sie von der Polizei immer noch äußerst preiswert bedient.

DEMONSTRANT 12 Mark Eintritt – und dann auch noch eine was – eine Kaution? Wieso denn? Wieviel denn?

POLIZIST Das richtet sich nach dem Gefährdungstyp. Von mir nach eigenem Ermessen einzuschätzen. Typ Mitläufer: DM 1000; Typ Aktiv-Randalierer DM 5000; Anführertyp und potentieller Steinwerfer DM 20000! Drehn Sie sich mal bitte um, breiten Sie mal die Arme aus. Also gut, in Ordnung: Sitzblockadentyp aus der ersten Kategorie DM 1000 Kaution!

DEMONSTRANT Sitzblockade! Ich sitze doch bloß! 1000 Mark für eventuelles Wegtragen! Was sind denn das für Preise!

POLIZIST Und die psychologische Belastung für den Polizisten – wegen potentieller Beißbedrohung? Widerstand gegen die Staatsgewalt durch absichtliches Schwermachen beim Wegtragen? Bei Frauen und Mädchen zusätzliche moralische Gefährdung des Polizeibeamten bei Berührung von Weichteilen. Mit 1000 Mark verstoße ich fast schon gegen die Vorschrift.

DEMONSTRANT Aber, verdammt nochmal... Ich habe gar

kein Geld. Ich will hier demonstrieren. Plu – to – ni – um...

POLIZIST Macht ja nichts! Euroscheckkarte oder Kreditkarte genügt ja. Wir haben doch alles dabei. Sie bekommen Ihre Kaution doch zurückerstattet, das heißt: wenn etwas übrigbleibt. Nach der Demo werden die Kosten gaaaaanz korrekt erfaßt, Sie bekommen eine detaillierte Aufstellung mit Polizeiüberstunden, Wasserwerfer und Chemikalienverbrauch, Absperrungsmaterialien usw. usw. pro Kopf der Demonstration. Sie haben auch die Möglichkeit, ein Demonstrationsverrechnungskonto bei uns einzurichten mit günstigem Überziehungskredit und Übertrag von Restbeträgen für die nächste Demonstration!

DEMONSTRANT Nein! Nein! Das mache ich nicht mit! Wissen Sie was? Ich scheiße auf diesen Staat, auf diese ganze korrupte sogenannte Demokratie. Hier – nehmen Sie mein Transparent. Ich schenke es Ihnen. Sollen doch andere demonstrieren! Wer de – mon – striert, wird ru – iniert, wer de – mon – striert...

POLIZIST Halt! Verehrter Herr Demonstrant. So gehts doch nun auch nicht! Ich bitte Sie! Die Polizei ist auf Ihren Demonstrationsbeitrag doch auch wieder angewiesen! Wenn Sie nicht mehr demonstrieren, erleidet die Exekutive finanzielle Engpässe. Also, beruhigen Sie sich doch. Kommen Sie mal her: Ich hätte hier noch einen Stehplatz für Sie – 10 km von Einsatzort entfernt – da können Sie friedlich Ihr Transparent entfalten und durfen sich sogar auf eine Parkbank setzen. Alles für nur 5 Mark 20. Also – billiger geht es nun aber wirklich nicht.

Die Virtuosin vom Montparnasse

Manchmal denk ich mit Entsetzen,
komm ich in den Himmel rein,
flöten da, mich zu ergötzen,
Engelein auf den Schalmein.

Lieber Gott, tu dies vermeiden,
da ich solches nicht aushalte.
Viel, viel lieber möcht ich leiden,
weißt doch: aus Cluny, die Alte.

Die am Saint Michel vor Leuten
Schubertfranzl wild verhunzt,
säbelnd sägend auf den Saiten,
wutzerfressen, blaß vor Kunst.

Läßt sie ihre Fiedel schweigen,
starrt sie bös ins Publikum.
Und ihr Alter geht fürs Geigen
grinsend mit der Mütze rum.

Leider war ich nicht bei Kasse
und auch geizig obendrein.
Aber lieber Gott, komm, lasse
dieses Weib in'n Himmel rein.

Schubertfranzl, ich und du,
sitzen da. Sie geigt uns was.
Kaffeetrinkend hörn wir zu.
Selig wie am Montparnasse.

Daneben

Ich sitze in der Kneipe und lese Zeitung. Am anderen Ende des Tisches sitzen Mann und Frau und reden miteinander. Ich will nicht hinhören, aber ich höre doch hin.

»Ob Hunde wohl wissen, wie gut sie es haben?« sagt die Frau zu dem Mann. Dabei guckt sie zu einem anderen Tisch, wo ein Hundchen gerade ein Stück Wurst von seinem Herrchen zugesteckt bekommt. »Ich meine, ob sie es wirklich begreifen, die Hunde, wie gut sie es haben?«

»Die Hunde im Tierheim oder im Versuchslabor haben wohl keinen Grund dazu.«

»Das meine ich doch nicht«, sagt die Frau, »ich mein, wenn sie es gut haben, ob sie es dann begreifen. Wo sie doch gar nicht nachdenken können.«

»Im Tierheim geht es ihnen nicht gut. Ob sie nun nachdenken können oder nicht.«

»Du hörst mir wieder nicht zu. Das meine ich doch nicht. Wenn es den Hunden im Tierheim gutginge, würden sie es dann begreifen? meine ich. Verstehst du?«

»Wie sollen denn Hunde, denen es im Tierheim schlechtgeht, wissen, ob sie es begreifen würden, wenn es ihnen gutginge?«

»Ach, Heinz, nie hörst du zu, was ich frage.«

»Ich höre wohl zu. Aber du drückst dich nicht richtig aus.«

»Gestern, als ich dich gefragt habe, ob du lieber eine Frikadelle oder ein Kotelett willst, hast du auch nur gesagt: Schweinefleisch ist immer schädlich.«

»Ist es ja auch.«

»Danach hatte ich doch gar nicht gefragt.«

»Das sage ich ja gerade: daß du nie richtig fragst, was du eigentlich fragen willst.«

»Ich wollte einfach nur wissen, was du essen willst.«

»Dann hättest du das auch fragen müssen.«

»Dann hättest du ja doch nur wieder gesagt: Bratwurst mit Rotkohl.«

»Kann schon sein.«

»Aber Bratwurst ist auch Schweinefleisch.«

»Ich hab ja nicht gesagt, daß ich Schweinefleisch nicht mag, sondern daß es schädlich ist.«

»Nein, nein, du willst mir nicht zuhören. Was hat jetzt das wieder damit zu tun, daß ich dich vorhin gefragt habe, ob Hunde begreifen, wie gut sie es haben, wenn sie zum Beispiel eine Wurst kriegen, wie da von dem Herrn.«

»Das ist ja noch die Frage, ob das gut ist für einen Hund. Schweinefleisch ist nämlich für Hunde noch schädlicher.«

»Nein, Heinz, ich frage doch nur, ob sie es begreifen, begreifst du das denn nicht?«

»Wie soll denn ein Hund begreifen, ob Schweinefleisch schädlich ist, wenn noch nicht mal ein Mensch es begreift.«

Da habe ich mich woanders hingesetzt. Ob Hunde wohl begreifen, wie gut sie es haben?

Die Fälschung

WOLFGANG Happy Birthday to you! Pack aus, pack aus, mein Schatz!

MONIKA Wolfgang, mein Wölfi! Du sollst mir doch nichts schenken, deine Liebe genügt mir. Ich will nicht, daß du soviel Geld ausgibst!

WOLFGANG Nun, nun, was sagst du?

MONIKA *(entzückt)* Nein!! O, Wolfgang! Eine echte! MCM! Eine echte MCM-Tasche. Ich werd verrückt! Ja, bist du denn des Teufels. Die sind doch unbezahlbar. Das können wir uns doch gar nicht leisten! Soviel Geld! Nein, das darfst du nicht. Das kann ich gar nicht annehmen.

WOLFGANG Freust du dich, mein Schatz, oder freust du dich nicht? Hm?

MONIKA Ja, ja, ich freue mich. Das ist gaaaanz süß von dir. Aber der Preis! Wir müssen doch die Rate für den Wagen ...

WOLFGANG Also, du freust dich?

MONIKA Ja, sag ich doch, aber ...

WOLFGANG *(hält ihr den Finger auf die Lippen)* Psst! Dann verrate ich es dir. Ich rede ja sonst nie vom Preis bei Geschenken. Aber damit du dich ohne alle Bedenken freuen kannst: Ich hab' ein tolles Angebot erwischt. Ladenausverkauf wegen Liquidierung. Dreihundert Mark Preisnachlaß. Stell dir das vor!

MONIKA *plötzlich maulig* Ach so. Ja, ja. Dann ist es also eine Fälschung. Aber das macht ja nichts. Es ist ja gut gemeint ...

WOLFGANG Wieso denn eine Fälschung?! Wie kommst du denn darauf?

MONIKA Na ja, das weiß doch jeder. Dreihundert Mark billiger: Dann kommt sie aus China, aus Singapur, Kuala Lumpur oder aus Japan.

WOLFGANG Aber nein! Sieh dir doch das Material an. Was soll denn daran gefälscht sein?

MONIKA Aber das ist es doch gerade. Die fälschen so perfekt, noch nicht mal der Fachmann kann es erkennen. Nicht mal der Wissenschaftler im Labor! Aber trotzdem: es bleibt eine Fälschung. Und wenn ich schon eine große MCM-Tasche habe, dann will ich nicht mit einer Fälschung herumlaufen!

WOLFGANG Augenblick mal. Du sagst, es ist eine Fälschung, aber keiner kann es feststellen? Ich habe mich doch extra erkundigt. Und in der Tasche ist ein Zertifikat.

MONIKA Ja, das ist auch gefälscht.

WOLFGANG *(nimmt es in die Hand)* Ach, daran kannst du es erkennen. Wieso denn?

MONIKA Nein, daran kann man es auch nicht erkennen. Das gehört dazu. Das ist genauso perfekt gefälscht wie die Tasche.

WOLFGANG Ach nein. Aber es ist eine Fälschung?

MONIKA Ja, was denn sonst, mein Schatz? Dreihundert Mark billiger. Mit Männern kann man sowas machen.

WOLFGANG Es war eine Liquidation. Ein Ladenausverkaufsangebot!!

MONIKA Ach, Wolfgang. Solche Sachen gibt es nicht als Schnäppchen. Da ist immer etwas faul.

WOLFGANG Entschuldige bitte: Du kannst nicht erkennen, daß es eine Fälschung ist, nicht wahr. Und niemand anders kann es erkennen?

MONIKA Der Preis ist der Beweis!

WOLFGANG Aha! Wenn ich also dreihundert Mark mehr bezahlt hätte, dann wäre es auch ein Original für dich. Oder?

MONIKA Nein, nein – natürlich nicht. Ich hätte es auf jeden Fall gemerkt. Da hab ich ein Gefühl dafür.

WOLFGANG Dann hör mal zu: Ich *habe* ja den vollen Preis bezahlt. Ich habe es ja nur gesagt, weil es dir sonst zu teuer gewesen wäre. Damit du dich freust!!

MONIKA Ach. Ja? Aber... Ich weiß nicht. Weil die Fälschungen so perfekt sind, werden sie ja häufig tatsächlich für denselben Preis angeboten. Aber Fälschung ist nunmal Fälschung...

WOLFGANG *(explodiert)* Jawohl! Da hast du recht. Und du bist auch eine!! Zwar kann ich es nicht beweisen. Aber ich habe es im Gefühl! Ich gebe dich zurück, du – du Falsifikat! Ich suche mir ein Original... *(ab)*

MONIKA Armer Wölfi. Läßt sich eine Fälschung andrehen, die man noch nicht mal erkennen kann. Wie schade. *(Wirft die Tasche weg.)*

Midlife-crisis-Moritat

(Oder: Wie es Karl-Heinz Lebrecht erging, der nichts anderes getan hatte, als was im Leben jedes gesunden Mannes einmal vorkommt, nebst den rechtlichen und sozialen Folgen daraus.)

Oft habt ihr gehört von geilen
Kerlen. Wie sie schändeten
Frau und Mädchen, welche meistens
dann im Elend endeten.

Oder auch vom Joch der Ehe
hörtet ihr. Des Weibes Pflicht
ist Gehorsam. Ihm zur Freude
leg dich hin und murre nicht.

Ja, in guten alten Zeiten
edler Sitten, starken Rechts
war der Mensch noch ein Gebieter,
und zwar männlichen Geschlechts.

Also sprach die Klageworte
Karl-Heinz Lebrecht, Spediteur.
»Dreht die Welt sich schon verkehrt rum?«
Hört, wie's ihm ergangen, her!

Zwanzig lange Ehejahre
schwitzt er für die Spedition.
Seine Frau, die heißt Regine.
Und kein Kind und auch kein Sohn.

Karl-Heinz Lebrecht war kein andrer
Ehemann wie andre auch.
Hat gebaut ein kleines Landhaus.
Und auch einen kleinen Bauch.

Auch was dann kam, war wie immer,
wenn ein Mann erst vierzig ist.
Irgendwann kommt eine Rita.
Mensch, du glaubst nicht, wie die küßt.

Karl-Heinz Lebrecht seine Rita,
eine junge Geigerin,
gab ihm erst ein Schubert-Rondo
und danach sich selber hin.

Und das alles zwischen Kisten,
die Karl-Heinz als Spediteur
Rita unters Dach getragen.
»Starker Mann!« rief sie, »komm her!«

Lebrecht war, als wär er achtzehn.
O du schöne Geigerin.
Und schlich jeden zweiten Abend –
ohne Kisten – wieder hin.

Einmal fragt Karl-Heinz die Rita,
scherzhaft halb, halb wollusttoll,
ob sie auch die Pille nähme –
doch sie lacht geheimnisvoll.

Abends müde zu Regine
kam er heim. »Die Spedition
kostet soviel Überstunden.«
Doch die Frau, die ahnt es schon.

Und eh Lebrecht es nur dachte
(oft er noch zu Rita schleicht),
sprach Regine: »Heinz, ich habe
unsre Scheidung eingereicht!«

Lebrecht fiel aus allen Wolken.
»Deinen angetrauten Mann«,
sprach er, »kannst du doch nicht einfach ...«
»Doch«, sprach sie, »mein Schatz: Ich kann!«

Zeigt auch gleich von ihrem Anwalt
eine Güterreglung schon:
»Ich behalt das Haus, und du kriegst
deine Pleitespedition.«

Lebrecht war enttäuscht, verbittert.
Und nun blieb ihm nur noch eins:
»Rita«, sprach er, »seine Ehe
opferte dir dein Karl-Heinz!«

Nun merkt auf: An dieser Stelle
wird aus der Geschichte jäh
eine Frauengleichberechti-
gungsmotivtragödie!

Rita nämlich war ein Mädchen
voller Bildung und Musik.
»Tut mir leid, Karl-Heinz, mein Braver:
Du bist nicht mein großes Glück.

Ja, das Kind, das ich erwarte,
wollte ich von Anfang an.
Doch mit Kind und Violine
brauch ich nicht auch noch 'nen Mann!«

»Wie? Ein Kind von meinem Blute?!
Einen kleinen Spediteur?«
Aber Rita schlägt die Tür zu.
Nur bezahlen dürfe er.

Aus dem Fenster sich zu stürzen
rang Karl-Heinz mit dem Entschluß.
Was sind das für finstre Zeiten,
wo ein Mann so leiden muß?

Wo du deinen Samen spenden
darfst der Frau als Lustobjekt,
die am Ende deiner Lenden
Früchte dann vor dir versteckt?

Wo die eigne Frau gerichtlich
deines Schweißes Lohn kassiert –
und in deinem Haus ein neuer
Freund sich köstlich amüsiert!

Lebrecht wollt sich erst ermorden.
Fragt ihr, wie's ihm heute geht?
Er ist impotent geworden!
Doch das ist ja nun zu spät.

Das Kondom

*Sylvie hat ein Kondom in der Aktentasche ihres Mannes ge-
funden. Kommt damit herein an den Frühstückstisch und hält
es ihm unter die Nase.*

SYLVIE Rüdiger, was bitte, ist das hier?

RÜDIGER Was das ist. Liebling, das ist... du weißt doch
wohl, was das ist?

SYLVIE Das ist ein Kondom. Ritex. Mit Erdbeergeschmack.

RÜDIGER Ja. Gewiß doch. Und?

SYLVIE Was hast du mir dazu zu sagen?

RÜDIGER Wieso? Ein Kondom. Zur Verhütung und aus Vor-
sicht, verstehst du, weil...

SYLVIE Ich habe es in deinem Aktenkoffer gefunden. Du
schleppst so etwas also auf deinen Seminaren mit dir
herum. Du betrügst mich mit einer anderen Frau!

RÜDIGER Aber nein! Um Himmels willen, wie kommst du
denn darauf!

SYLVIE Ja, wozu benötigst du denn so ein – so ein Ding dann
bitte, wenn du auf Reisen bist?

RÜDIGER Aber Liebling, ich benötige es ja gar nicht! Ich
habe es doch gar nicht benützt.

SYLVIE Ach, und wozu trägst du es dann bei dir?

RÜDIGER Na ja, das soll man doch. Das wird einem doch jeden Tag im Fernsehen und überall geraten. Daß ein Mann
mit Verantwortung – und um seine Frau zu schützen...

SYLVIE Wovor?!

RÜDIGER Also, Liebling, nun tu doch nicht so! Das weißt du
doch wohl!

SYLVIE Das ist ja großartig! Ich weiß gar nicht, wie ich dir
danken soll! Du denkst also, wenn du mit deiner Tippse da
im Hotel rumbumst, tatsächlich an *meine* Gesundheit. Ich
bin gerührt. Ich bin überwältigt! Weißt du was? Du kannst
mir verdammt noch mal gestohlen bleiben! Geh mir doch
aus den Augen, scher dich hin, wo der Pfeffer wächst!

RÜDIGER Sylvie! Nun hör doch mal! Bitte. Ich schwöre dir:
ich habe dich noch nie betrogen. Und ich werde dich auch
nie betrügen. Aber es kann doch nie verkehrt sein, daß man
sich für alle Fälle vorbereitet ...

SYLVIE *(immer noch erregt und empört)* Angenommen mal,
ich glaube dir. Dann gibst du aber zumindest zu, daß du die
Absicht hast, mich zu betrügen – und schleppst schon dein
Handwerkszeug mit dir herum!

RÜDIGER Aber Liebling, ich meine ... Es könnte doch mal,
ohne daß man es eigentlich will ... Daß man in eine Situation kommt, wo man vielleicht aus Höflichkeit ... *(Sylvie
läuft schluchzend aus dem Zimmer.)* Was hat sie denn?

Kralle am richtigen Platz

Im Tierreich passieren oft haarsträubende Sachen.

Als die Tiere die Meldepflicht eingeführt hatten und jedes Tier sich auf dem Einwohnermeldeamt einen Meldeschein besorgen mußte – da bekamen die Mäuse einen furchtbaren Schreck. Am Mäusemeldeschalter saß doch tatsächlich: ein großer Kater mit gefährlichen gelben Augen.

Die Mäuse machten sofort eine Eingabe an die Regierung. »Es ist doch nicht zumutbar, daß ausgerechnet dieser riesige Kater am Mäuseschalter sitzt. Der leckt sich ja schon das Maul, wenn man nur aufgerufen wird. Wir beantragen die Versetzung des Katers. Uns Mäusen wäre ein Eichhörnchen recht oder in Meerschweinchen.«

Vom zuständigen Ministerium kam folgender Bescheid: »Nach sorgfältiger Prüfung Ihrer Eingabe teilen wir Ihnen mit, daß für die Auswechslung des Beamten Kater Kralle keinerlei Anlaß besteht. Herr Kater Kralle wurde gerade wegen seiner ausgezeichneten Fachkenntnisse in Mäuseangelegenheiten mit der Leitung der Mäuseerfassungsstelle betraut. Herr Kralle hat langjährige Erfahrung mit Mäusen aller Art und Geschmacksrichtung. Er gilt weithin als ausgezeichneter Mäusespezialist. Die Eingabe ist abgelehnt.«

Die Mäuse erschraken. Aber den richtig großen Schreck bekamen sie erst, als sie den Regierungsstempel unter dieser Ablehnung entzifferten: Innenministerium. Staatsrat Gerhard Hakenschnabel. Mäusebussard.

Der PIN-Code

Fahrrad ist mit einem Zahlenschloß an den Pfahl eines Ver-
kehrszeichens o. ä. angeschlossen. Mann mit Schiebermütze
kommt, guckt sich um, macht sich am Zahlenschloß zu schaf-
fen.

MANN 4711 und 007 – das müßte doch gehen. Verdammt
nochmal. Meistens hört mans auch am Klicken ...

POLIZIST *(ist unbemerkt hinter ihn getreten, tippt ihm auf die*
Schulter) Na, Freundchen, was machen wir denn da?

MANN *(erschrocken)* Oh ... äh ... Mein Fahrrad. Ich wollt
grad losfahren.

POLIZIST So, so. Und warum fahren wir dann nicht? Wir
kriegen wohl das Schloß nicht auf, waas?

MANN Doch, doch. Es ist ja ein Zahlenschloß. Mir fällt nur
eben grad die Zahl nicht ein, verdammt noch mal. Ich muß
mich konzentrieren.

POLIZIST So, so – ihm fällt die Zahl nicht ein. Weil Sie das
Fahrrad stehlen wollten! Ich habe Sie ertappt. Sie kommen
sofort mit auf die Wache!

MANN Aber nein. Wie kommen Sie denn darauf. Das ist mein
Fahrrad. Die Zahl ist 4718 und noch zwei weitere ... hab
sie auf der Zunge ... Warten Sie mal: wie alt sind Sie?

POLIZIST Wie alt ich bin? Was soll der Unsinn. Ich habe Sie
erwischt ...

MANN Aber nein! Der Bruder meiner Frau ist auch Polizist.
Ich habe mir gemerkt: der Geburtstag meiner Frau und das

Alter meines Schwager, das ist meine Geheimnummer für mein Postgirokonto, verstehen Sie...

POLIZIST Ihr Girokonto? Sie wollten dieses Fahrrad stehlen!

MANN Die Geheimnummer von meinem Postgirokonto hat nämlich dieselbe Quersumme wie die Nummer hier für dieses Fahrradschloß. Hab ich mir gemerkt. Man darf sich doch Geheimnummern nicht aufschreiben. Aber man kann sie sich ja ganz leicht merken: Wenn man das Alter seiner Mutter zum Beispiel kombiniert mit seiner Autonummer, damit man immer seinen PIN-Code weiß für das Handy. Meine Mutter ist 98 und meine Autonummer 365. Dadurch weiß ich immer ganz genau ... nee 364, meine Autonummer entspricht nämlich der Zahl der Tage im Jahr, das hab ich mir gemerkt – und daher ist mein PIN-Code für das Handy entweder 98364 oder 36498 oder 36840 oder 89 weil: ich bau dann immer noch einen Sicherheitsdreher ein, sonst ist sie ja zu leicht rauszukriegen, die Geheimnummer. Wie machen Sie denn das, Herr Polizist? Wie merken Sie sich Ihre Geheimzahl von der Eurocard für den Geldautomaten?

POLIZIST Ganz einfach: die mir zugeteilte Geheimzahl beginnt durch einen Zufall mit den beiden Ziffern des Geburtsjahres meines Vaters, allerdings in umgekehrter Reihenfolge – und dann kommt nur noch die zweite Ziffer der Hausnummer unserer Nachbarn gefolgt von der Schuhgröße meines jüngsten Sohnes. Einfacher geht es nicht. Aber Ihr Fahrradschloß, mein Herr... Wie war das jetzt, bitte sehr?

MANN Ich habs ja gleich! Die Schicksalssymphonie? Ist das die fünfte oder die sechste?

POLIZIST Was? Wie? Von wem?

MANN Beethoven, glaub ich. Die Waldmeistersymphonie ist die sechste und die Eroica die vierte. Stimmt doch, oder?

POLIZIST Äh, ah ... Da bin ich momentan jetzt überfragt.

MANN Schade. Sonst wüßte ich nämlich jetzt die Geheimzahl für den Zugang zu unserem Firmen-PC, und die ist
nämlich nahezu identisch mit der Geheimzahl für das Zahlenschloß auf meinem Aktenkoffer. Eroica und Waldmeister, ihr seid mein Schicksal, also 465 oder mein Schicksal
als Waldmeister ist heroisch – also 564 –, so kann man es
sich ganz einfach merken. Wie soll man denn sonst diese
Geheimzahlen alle behalten? Oh, oh!!! Jetzt fällt es mir
ein...

POLIZIST Ihre Fahrradschloßnummer...?!

MANN Ja! Ja! Könnten Sie vielleicht mal mit Ihrem Funk-
gerät die Telefonnummer von Frau Monika Krummbär in
Hannover erfragen. Aber das darf meine Frau nicht wissen.
Ich hab mit Moni so ein kleines – Sie verstehen schon, die
Nummer darf ich natürlich nicht aufschreiben. Darum
merke ich mir immer: Monika hat genau die Nummer von
meinem Fahrradzahlenschloß, nur noch ihre Oberweite
dazu, und die ist 114, das weiß ich genau.

POLIZIST Das ist ja furchtbar. Nein, dann müssen Sie Ihr
Fahrrad eben ... Haben Sie denn nicht ne kleine Zange dabei? Oder ne Säge ...

MANN Ja, ja – aber: ich dachte, das würden Sie mißverstehn.

POLIZIST *(abgehend)* Wann war mein Vater geboren? 26 oder
24? Oder war das meine Mutter? Ja, ich glaube meine Mutter...

Verdächtig bleibt verdächtig

Kennt man doch auch vom Sport zum Beispiel. Wenn jemand erstmal verdächtigt wurde, daß er gedopt war, den Verdacht wird er nie wieder los. Kann er noch so unschuldig sein. »Das ist doch der Radsportler X, er stand ja schon mal im Verdacht, Aufputschmittel genommen zu haben.« Da kann er sich noch soviel Mühe geben, zu beweisen, daß man ihn zu Unrecht verdächtigt hat, eines kann er ja doch nicht erreichen: beweisen, daß er nicht verdächtigt wurde. Denn wer verdächtigt wird, der ist nun mal verdächtig. Grade im Berufsleben ist das oft sogar tragisch. Eckard Bonemann in der Versicherungsgruppe Feuer und Hochwasser war der sichere Anwärter auf den Gruppenleiter-Posten, und er wäre garantiert Gruppenleiter geworden, wenn Arnold Kleiber nicht auf dem Betriebsausflug die junge Frau Siebrich gefragt hätte: »Sagen Sie mal, neulich im Fahrstuhl, Frau Siebrich, da hat Sie der Bonemann tatsächlich an die Brüste gefaßt?« – »Wie bitte?« hat die Siebrich gefragt, »wer sagt denn das?« – »Das will ich Ihnen lieber nicht sagen, aber wenn es so war, dann können Sie es mir ruhig sagen.« – »Nein, das stimmt nicht. Der Bonemann hat mir bestimmt nicht an die Brüste gefaßt.«

Zufällig hat Kleibers Kollegin, Frau Metz, alles mitgehört, und schon war es rum: Bonemann hat der Siebrich neulich im Fahrstuhl an die Brüste gefaßt. »Ausgerechnet Bonemann, der Saubermann, da sieht mans mal wieder.«

Ja, aber, haben einige gesagt: die Siebrich bestreitet doch ausdrücklich, daß der Bonemann ihr an die Brüste gefaßt hat.

Ja, natürlich bestreitet sie das, hieß es sofort. Bleibt ihr ja auch nichts anderes übrig. Sie kann es ja auch nicht beweisen, sie war ja mit dem Bonemann – widerlich, wenn man sich das vorstellt –, war sie ja ganz allein im Fahrstuhl!

Na, der Bonemann ist dann noch zur Geschäftsleitung gegangen und hat verlangt: Die Frau Metz soll gefälligst dazu stehen, daß sie behauptet, er, Bonemann, habe der Siebrich an die Brüste gefaßt. Aber die Metz hat nur gesagt, das habe sie gar nicht behauptet, sie habe nur davon gehört, daß es behauptet würde.

Und fast alle Kollegen haben gesagt: Dann soll der Bonemann doch erstmal beweisen, daß er der Siebrich *nicht* an die Brüste gefaßt hat. Aber das kann er natürlich nicht beweisen. Und eines ist ja wohl klar: Als Gruppenleiter ist Bonemann nun wirklich nicht geeignet. Denn selbst wenn er irgendwann mal beweisen könnte, daß er die Siebrich nicht an die Brüste gefaßt hat, weiß doch jeder genau, daß er nichts lieber getan hätte, als der Siebrich an die Brüste zu fassen. Und im übrigen: Keine Frau bei uns im Büro möchte jemals wieder mit diesem Bonemann allein im Fahrstuhl fahren. Außer die Gloebel natürlich, die soll ja neulich, also da kann einem der Bonemann ja nun direkt wieder leid tun ... Aber wo er den Ruf nun mal hat, konnte er die Gloebel sicher auch nicht enttäuschen.

Dienst am Fuß

Parkplätze sind ja heute so knapp.
Auch Immelmann kriegt meist keinen mehr ab.
(Immelmann: Mit Takt und Schwung
die richtig schöne Beerdigung.
Oder: Im Sarg von Immelmann
kommt man bequem im Himmel an.)
Parkt also seinen Beerdigungswagen
außer an Sonn- und Feiertagen
Dr. Sauter zum Verdruß
direkt vor dem Laden »Dienst am Fuß«.

Und Dr. Sauer argumentiert,
daß er die fußkranken Kunden verliert,
weil dieser Leichen-, dieser Sargtransport
vorm Laden, da müßten die Leute sofort
automatisch draus schließen:
das also wäre der Dienst an den Füßen.

Immelmann aber sagt: Töricht von Ihnen,
Herr Doktor, dem menschlichen Fuße zu dienen.
Ich diene dem Menschen! Und keinem von diesen
schmerzt es, soweit mir bekannt, an den Füßen.

Die asiatische Wuselmaus

Direktor am Schreibtisch, Frau Pulicke, die Reinemachefrau kommt rein, (Kopftuch, Schrubber und Eimer) – sie wischt sich die Tränen aus den Augen.

DIREKTOR Tja, also bitte Frau Pulicke: Wenn Sie sich dann unbedingt in einem Vier-Augen-Gespräch von mir verabschieden wollen: Bitte sehr. Ich bin ja kein Unmensch. Aber Ihre Kündigung kann ich nicht zurücknehmen. Das hätten Sie sich früher überlegen müssen.

PULICKE *(schluchzt auf)*

DIREKTOR Hätten Sie eben nicht in die Kaffee-Kasse greifen dürfen. Da helfen jetzt keine Tränen mehr.

PULICKE Ich wein ja nicht wegen der Kündigung, Herr Direktor. Ich wein ja wegen der Wuselmäuse. Weil sich jetzt keiner mehr um sie kümmern kann.

DIREKTOR Wuselmäuse? Sie meinen die Wollmäuse dieses Fusselzeugs auf unserer Auslegeware. Da machen Sie sich man keine Sorgen. Damit wird Ihre Nachfolgerin bestimmt sogar noch besser fertig. Hauptsache, sie greift nicht wie Sie in die Kaffee-Kasse.

PULICKE Nein, Wuselmäuse, Herr Direktor. Hier! Sehen Sie mal hier in die Schachtel. Schwarzgestreiftes Wuselmäusel. Sind sie nicht wunderbar? *(Zeigt ihm eine Schachtel und öffnet den Deckel.)*

DIREKTOR Wie bitte? Was soll das denn? Was wollen Sie mit den Viechern?

PULICKE Das sind keine Viecher. Das ist die asiatische Wusel-maus, Herr Direktor. Eine große Seltenheit. Ich hab sie doch entdeckt hier, Herr Direktor – auf dem Firmen-gelände. Ich hab sie gehegt und gefüttert – aus der Kaffee-Kasse.

DIREKTOR Wie bitte? Sie haben auch noch das Ungeziefer hier hochgepäppelt? Das ist ja noch ein Kündigungsgrund mehr. Sofort beseitigen. Ich laß den Kammerjäger kom-men!

PULICKE *(plötzlich mutig)* O, nein! Herr Direktor. Das dür-fen Sie auf keinen Fall. Da kriegen Sie Ärger, das verspreche ich Ihnen. Die asiatische Wuselmaus ist ein ganz seltenes Ex-emplar. Sie ist streng geschützt. Wenn Tierschützer das er-fahren, daß es sie ausgerechnet hier noch gibt, dann können Sie Ihren Betrieb sofort dichtmachen, Herr Direktor. Dann wird hier alles abgerissen. Ich habe mich erkundigt. Dann wird Ihr gesamtes Firmengelände zum Naturschutzgebiet erklärt.

DIREKTOR Hahahaha! Das möchten Sie wohl, Frau Pulicke! Wegen so einem Viehzeug schließen die keinen Betrieb, gute Frau. Wuselmaus, asiatische?

PULICKE *(holt Zeitungsseite heraus)* Vielleicht lesen Sie das mal, Herr Direktor. In Göttingen mußte gerade ein ganzes Forschungszentrum abgerissen werden. 50 Feldhamster le-ben auf dem Grundstück. Vom Wachtelkönig haben Sie doch wohl auch schon gehört. Bei Hamburg. Da darf nicht gebaut werden. Und dabei hat man ihn bisher nur piepen gehört, den Wachtelkönig noch nicht mal gesehen.

DIREKTOR Ja und? Ja und? Sie wollen mir erzählen, diese ko-mischen Viecher hier leben auf meinem Grundstück, und ich wußte nichts davon?

PULICKE Schon bevor Sie gebaut haben, Herr Direktor. Sie hätten sich besser absichern müssen. Die asiatische Wuselmaus ist von Natur aus äußerst scheu. Man bekommt sie nur ganz selten zu Gesicht.

DIREKTOR Aha. Ja, ja! Aber Sie – Sie haben Sie entdeckt. Ach, Frau Pulicke ...

PULICKE Richtig, Herr Direktor. Außer mir hat sie noch keiner hier gesehen. Sie zeigt sich, wenn überhaupt nur morgens um 3 Uhr, wenn die Putzfrau kommt. Und nur durch meine behutsame Pflege und Hege – und durch einige Leckerbissen – ist es mir gelungen, das Vertrauen dieses Tieres zu gewinnen. Das war mein Lebensinhalt. Aber wenn ich jetzt entlassen bin, dann müssen sich andere um diese Tiere kümmern. Dann muß ich mein Geheimnis dem Naturschutzbund offenbaren. Was bleibt mir anderes übrig.

DIREKTOR Naturschutzbund? Um Gottes willen. Wieso, was ... Das ist ja Erpressung, Frau Pulicke!

PULICKE Aber nein, Herr Direktor. Naturschutz geht vor. Aber wenn Sie die Kündigung zurücknehmen, dann bleibt das mit der Wuselmaus eben mein Geheimnis – und natürlich Ihres, Herr Direktor.

DIREKTOR Wuselmaus, Wuselmaus. Das ist ja lachhaft. Ich glaub doch nicht an den Weihnachtsmann. Da hängen 50 Arbeitsplätze dran. Die schließen doch nicht wegen so einem Ungeziefer eine ganze erfolgreiche Firma.

PULICKE Sie müssen es ja wissen, Herr Direktor. Es ist Ihre Firma, und Ihre Verantwortung. Aber wenn dann bald in der Zeitung steht: »Blohm und Kniepke – ein Biotop für die seltene asiatische Wuselmaus ...«

DIREKTOR Verdammt noch mal. Das kriegen die fertig. 50 Feldhamster und ein ganzes Forschungszentrum wird planiert. Und neulich stand im SPIEGEL: Kernkraftwerk konnte nicht gebaut werden wegen irgend so nem blöden grauen Fisch. Die reißen ne ganze Siedlung ein, weil irgendwo ne Fliege an der Decke brütet. Mein Gott, was sind das für Zeiten!

PULICKE Nehmen Sie meine Kündigung zurück, Herr Direktor.

DIREKTOR Ja, ja, ja – verdammt nochmal. Verschwinden Sie mit Ihrer Wuselmaus. *(Drückt auf das Sprechgerät.)* Frau Zimmermann, die Akte Pulicke. Frau Zimmermann. Wo steckt sie denn nun wieder.

PULICKE *(ab mit ihrer Maus)* Asiatische Wuselmaus. Schwarz-Weiß gestreift. Mit Filzschreiber. Textmarker. Da hab ich noch zwanzig Stück davon.

Der Rüstungsvertreter

Am Kneipentresen. Spricht mit dem Wirt.

Tja, Kurt, da bin ich schon wieder. Ich hatte ja gehofft, ich könnte noch ein Jahr in Thailand bleiben. Hatte mich meine Firma doch hingeschickt nach dem letzten Waffenhandelskandal. Aber da kommt plötzlich ein Anruf aus der Zentrale: »Wo bleiben Sie denn, Müller-Gerstheim? Wollen Sie ewig da unten Urlaub machen – oder was?« – Ich sage: »Aber, Chef, ich bin doch Ihr Prügelknabe, denk' ich, ich kann doch noch nicht nach Hause, weil die Journalisten und die Kripo...« – »Blödsinn! Alles Schnee von gestern. Menschenskind, alle spielen sie jetzt verrückt im Waffenhandel: die Chinesen, die Japaner, die Amis, die Saudis verdienen wie die Geisteskranken – und da wollen Sie sich noch weiter im Mauseloch verstecken? Mann, Müller-Gerstheim – der Waffenhandel boomt wie noch nie! Alle brauchen sie Nachschub! Kommen Sie sofort zurück!« Na ja, und da bin ich also – und kann endlich meine Arbeit für den Weltfrieden wieder aufnehmen.

Wie bitte? Da lachen Sie? Das ist eben das Vorurteil, mit dem unsereiner leben muß. Niemand begreift, daß wir die eigentlichen Garanten für den Frieden in der Welt sind. Nur weil der Waffenhandel alle friedliebenden Staaten mit Waffen versorgt, können die Menschen in Sicherheit leben. Denn Krisengebiete beliefern wir ja nicht. Nein, Krisengebiete sind ausdrücklich ausgenommen vom Waffenexport!

Nehmen Sie mal den Irak. Jahrzehntelang haben wir ihn

mit Waffen beliefert. Weil niemand den Irak für ein Krisengebiet gehalten hat. Das heißt, wir haben es vielleicht geahnt. Irgendwann wird das mal ein Krisengebiet sein, haben wir uns gesagt. Aber wie kann man das beweisen? Ganz einfach: indem man Waffen an den Irak liefert. Damit er sich sozusagen selbst entlarven kann! Und genau das ist passiert. Hätten wir den Irak nicht beliefert – hätten wir heute nicht den Beweis, daß es sich um ein hochgradiges Krisengebiet handelt. Ist doch klar, Mann. Dadurch aber, daß der Irak sich als Krisengebiet erweisen konnte, haben wir heute die Möglichkeit, ihn nicht mehr zu beliefern. Und dadurch, daß wir ihn nicht mehr beliefern, ist er auch kein Krisengebiet mehr, so daß wir ihn wahrscheinlich bald wieder… Na gut, da sind wir jetzt noch etwas vorsichtig.

Verstehen Sie? Es geht doch darum: Jedes Land hat das Recht, sich zu verteidigen. Vor ein paar Tagen haben die westlichen Länder grade wieder beschlossen: Es dürfen nur so viel Waffen geliefert werden, wie zur Verteidigung eines Staates notwendig sind. Das Problem ist natürlich: Wieviel Waffen sind das genau? Ich meine: Wann hat ein Land mehr Waffen, als es zur Verteidigung braucht? Es braucht ja immer so viel Waffen, wie der Nachbar auch hat – beziehungsweise: ein paar Waffen mehr. Weil ja nur der Stärkere sich wirklich verteidigen kann. Eins ist klar: Wenn ein Land ein anderes angreift, dann könnte man sagen: stopp! Die haben jetzt mehr Waffen, als sie brauchen. Was ist aber, wenn das Land deswegen angreift, weil der Nachbar schon mehr Waffen hat, als er braucht, so daß die Gefahr besteht, daß der Verteidiger dem zuvorkommen muß? Das heißt also: Jedes Land braucht zur Verteidigung unbedingt mehr Waffen, als es zur Verteidigung braucht. Daß ein Land nur so viel Waffen hat, wie es zur Verteidigung braucht, wäre eigentlich nur dann erwiesen, wenn es von seinem Nachbarn schon verwüstet ist. Und das wollen wir uns doch nicht nachsagen lassen: daß wir ein friedliebendes Land seinem Aggressor ausgeliefert haben. Verstehen Sie, wie kompliziert und verantwortungsvoll unsere Materie ist?

Und da regen sich die Leute nun auf: Über eine Billion Dollar im Jahr gibt die Welt für Rüstung aus. Aber das geschieht doch alles für den Frieden, für die Sicherheit der Völker, für die Verteidigung. Eine Billion Dollar für den Frieden! Da wird doch was bewegt! Hat mir die Firma ja auch gesagt am Telefon: »Müller-Gerstheim, eine Billion Dollar im Jahr! Und Sie vertrödeln Ihre kostbare Zeit in Thailand! Nur ein Krümelchen von dieser Billion, von diesem großen Kuchen brauchen wir, und wir haben ausgesorgt!« Und alles für den edlen Zweck!

Eine Billion Dollar? Können Sie sich als selbständiger Kneipenwirt überhaupt vorstellen, was das ist, ne Billion? Das kann man in Bier und Würstchen gar nicht ausdrücken. Tausendmal tausend Dollar – das ist ne Million. Tausendmal eine Million – also tausendmal tausendmal tausend Dollar –, das ist erst ne Milliarde Dollar. Und jetzt das Ganze wieder mal tausend – also tausend Milliarden –, das sind tausendmal tausendmal tausendmal tausend Dollar – also eine Million Millionen – das ist ne eins mit eins, zwei, drei, vier, fünf, sechs, sieben, acht, neun, zehn, elf, zwölf Nullen, Wahnsinn – kann sich keiner mehr vorstellen. Und so viel geben wir in der Welt aus für den Frieden, für die Verteidigung, nur um festzustellen: Was ist ein Krisengebiet, und was könnte mal eins werden?! Niemand macht sich so verdient um den Frieden wie die Rüstungsindustrie. Haben Sie das jetzt begriffen? Waaas meinen Sie? Einfach überhaupt keine Waffen mehr liefern? An gar kein Land mehr? Jetzt sind Sie durchschaut. Damit sagen Sie ja: daß Sie die ganze Welt zum Krisengebiet erklären! Nee, mein Lieber, danke schön. So kann ja nur ein Kriegstreiber denken!

Ein Lob der Polizei

Einer, der war seinem Kaiser treu.
Und das war natürlich grade grad verkehrt.
Und da kam die Polizei herbei,
und die fragte gar nicht lange, was das sei,
sondern hing ihn auf. Wie sich's gehört.

Aber einer, der war richtig Kommunist,
und das war natürlich grade grad nicht gut.
Und da kam per Polizei ein Polizist,
und der fragte gar nicht lange, was das ist,
sondern schoß ihn tot. Wie man das tut.

Aber einer, der warn echter Atheist.
Und das war natürlich grade grad nicht dran.
Und da kam natürlich gleich – na ja, ihr wißt.
Und die fragte weder viel noch auch mit List,
sondern steckte ihn – na was wohl? – an.

Aber einer, der warn guter Katholik,
Und das war natürlich grade grad vorbei.
Und da kam – ihr wißt schon: mit dem graden Blick.
Und die hielten nicht soviel von Glas und Glück,
sondern brachen ihm was durch. Sie warn so frei.

Wie gefahrvoll doch das Leben ist.
Wenn man grad versäumt, ob grade grade sei.
Ob als Atheist, als Kommunist, als Christ,
weiß man nie genau, woran man ist.
Sondern das weiß immer nur allein: die Polizei.

Ein echter Durchschnittsmensch

Mir ist so frühlingshaft-fernwehsehnsuchtsvoll. Ich gehe durch den Park – da kommt mir plötzlich – ich weiß nicht, wieso – Herr Gerdes in den Sinn.

Das war in meiner Angestelltenzeit. Herr Gerdes war ein Kollege – ohne besondere Merkmale, will ich mal sagen. Ein Durchschnittsmensch. Korrespondenz von G bis M.

Saß dahinten irgendwo, linke Tür am Ende des Flurs.

Beim Frühstück in der Kantine machte er auch mal ein Witzchen – aber sonst: eher zurückhaltend. Immer pünktlich, immer freundlich.

Verheiratet war er. Und er hatte einen Hund. Das war's. Wenn Herr Gerdes gestorben wäre – in vier Tagen wäre er vergessen gewesen. Aber eines Tages im Frühling erschien Herr Gerdes nicht im Büro. Na schön. Er meldete sich aber auch nicht krank. Am vierten Tag rief seine Frau an: Ob ihr Mann sich im Büro gemeldet habe? – Nein, wieso? Ist er nicht krank? – Er ist verschwunden. Ich weiß nicht, warum, ich weiß nicht, wohin!

Herr Gerdes blieb unauffindbar. Die Frau hatte eine Anzeige aufgegeben. Erfolglos. Es gab keine Spur von Herrn Gerdes. Gerdes war verschwunden. Unter den Kollegen liefen nach drei Wochen die tollsten Gerüchte um: Der Gerdes ist von heut auf morgen nach Amerika. Oder: Er soll ja in den Ostblock gegangen sein. Das war ein Spion. Es hieß auch: Gerdes ist ertrunken. Sie haben seine Leiche in der Elbe gefunden.

Aber sechs Monate später saß Herr Gerdes plötzlich wieder im Büro. Als wäre gar nichts gewesen.

»Gerdes, wo sind Sie gewesen?«

Aber Herr Gerdes blickte an jedem, der ihn fragte, vorbei – und gab keine Antwort.

Mit der Firma wurde der Fall irgendwie geregelt. Aber was mit Gerdes los war – wo er sich aufgehalten hatte: Niemand hat es je erfahren!

Noch drei Jahre später versuchte es immer mal wieder ein Kollege: » Gerdes, jetzt kannst du es doch mal erzählen. Wo bist du eigentlich gewesen damals? Du mußt doch irgendwo gewesen sein!«

Aber Herr Gerdes schwieg. Nur in seinen Augen war ein seltsamer Glanz, und er lächelte ein wenig.

Herr Gerdese kam wieder pünktlich und ordentlich ins Büro. Alles war wie vorher. Mit einem kleinen Unterschied: Gerdes war kein Durchschnittsmensch mehr. Jeder wußte:

Das ist der Gerdes. Der war schon mal ein halbes Jahr spurlos verschwunden.

Köhlbrandbrücke

Ein Taxifahrer sitzt am Straßenrand und ißt sein Brot, hat eine Thermosflasche dabei.

Öfters hab ich schon gehabt: da steigt ein Mann ein oder ne Frau. Ich frag: Wo solls hingehn? »Ist mir egal. Fahren Sie einfach so rum.« Oha – dann weiß ich schon: Willi, da braucht wieder jemand 'ne Seelenmassage. Die Leute müssen ja irgendwie ihre Seele erleichtern. Und wenn sie dann hinten sitzen – und ich dreh ihnen den Rücken zu, geht das wahrscheinlich leichter als beim Pseychiater auf der Couch. Vor paar Wochen steigt eine junge Frau ein. Also wirklich ein bildschönes Kind. »Zur Köhlbrandbrücke«, sagt sie. Ich fahr los. Also Köhlbrandbrücke, das ist so die Golden Gate Bridge von Hamburg. Spannt sich in einem kühnen Bogen übern Freihafen. »Und weiter?«, frag ich. »Nein, nur auf die Brükke«, sagt sie. »Da steig ich aus.« Ich sag: »Junge Frau, das geht nicht, da darf ich gar nicht halten.« – »Nur ganz kurz«, sagt sie. »Ich zahl vorher und spring schnell raus.« – Ich fahr ne Weile weiter und faß mir ein Herz und sag: »Warum wollen Sie denn da runterspringen? Das wollen Sie doch – oder?« – »Ja, das will ich. Ich will nicht mehr leben.« Ich sag: »Mich geht das ja nichts an, liebe Frau. Aber muß das denn unbedingt heute sein? Sie können sich doch auch noch morgen umbringen. Mit einem andern Kollegen!« – »Ach lassen Sie mich, das geht Sie nichts an«, sagt die Frau.

Na, nun fahr ich also und überleg immer: wenn ich jetzt

einfach anhalt, sie bitte, auszusteigen, bringt sie sich auf andere Weise um. Ich seh sie mir im Rückspiegel an: nein, verdammt, so ein schönes Menschenkind darf doch nicht sterben. Aber wie bring ich sie davon ab? Die Köhlbrandbrücke kommt immer näher. Wir fahren schon auf die Brücke rauf. Mein Taxameter zeigt 34 Mark. Da hab ich einen verrückten Einfall. Ich sag:

»Wenn Sie sowieso von der Brücke springen, Verehrteste, dann können Sie mir auch wenigstens die Rückfahrt noch bezahlen. Ich mein: Ihnen kann das doch egal sein.«

Da höre ich, wie sie nach Luft schnappt. Dann antwortet sie so richtig wütend: »Das ist ja eine Unverschämtheit! Sie wollen meine Verzweiflung auch noch ausnutzen.« – »Haha«, hab ich gesagt: »Für Ihre Verzweiflung interessiert sich spätestens morgen sowieso kein Mensch mehr – aber ich muß leer zurückfahren. Sie könnten mir überhaupt Ihr ganzes Bargeld geben, was Sie bei sich haben. Was wollen Sie denn noch damit?«

»Das ist ja – das ist ja Raub!« ruft die Frau. »Fahren Sie sofort zurück!« Na ja – und als sie dann ausstieg, war sie so wütend – daß ich ganz genau wußte: die bringt sich heute abend nicht mehr um.

Müllmann Uwe Möller am Tresen

Mein Kollege Kalle und ich: wir kriegen jeder einen Halben, Kurt. Ja, geb ich aus.

Komisch, ich krieg immer bloß Durst von der Arbeit. Hunger hab ich fast nie. Kommt wohl von all dem Müll, den man da jeden Tag angucken und riechen muß, daß dir der Appetit dabei vergeht.

O, Mann, waren die Autofahrer heute morgen wieder ungeduldig. Was Kalle, fandst du auch, ne. Mann, waren die ungeduldig. Warum sind die eigentlich immer so ungeduldig? Kein Verständnis für unsere verantwortungsvolle Tätigkeit. Standen da heute morgen wieder so 12, 13 Autos hinter unserm Müllwagen – 20 meinst du? – na, jedenfalls konnten natürlich nicht vorbei. War ja auch Einbahnstraße. Fängt doch der erste an zu hupen. Und denn noch einer. Bitte? Ja, das war natürlich ein Fehler. Wir können nämlich noch viel sorgfältiger mit den Tonnen umgehen. – Ja, und denn springt einer raus. Was hat er gerufen? Ja. »Könnten Sie sich nicht beeilen, wenn ich zu spät komme, verliere ich meine Stellung!« Was hat Addi Breckwoldt da gesagt: »Wenn Sie meinen, daß Sie das besser können, dann können Sie uns das ja mal beweisen!« Hahahahaha! Und der arme Kerl hat uns doch tatsächlich die ganzen Tonnen mit weggerollt. Haben wir gelacht. Was meinst du? Nun, drängel doch nicht. Man wird ja noch in Ruhe sein Bier austrinken können. Nee, ich sag ja immer: als Müllmann kriegt man ne ganz andere Perspektive vom Leben. Man muß das Gute sehen. Kalle schimpft ja immer über die

Politiker. Was hast du neulich gesagt? Er sagt: Schon wieder ein bein Steuerhinterziehen erwischt. Die müßten alle sofort weg vom Fenster, meint Kalle. Aber ich sag immer: ein Politiker, der ganz sauber ist, der kommt ja nie in den engeren Kreis. Wenn einer überhaupt keine Leichen in Keller hat, der wird ja von den andern als Fremdkörper betrachtet, weil: zu den können sie ja gar kein Vertrauen finden. Ja, so mußt du das sehen, Kalle.

Wieso müssen wir endlich los? Warum bist du so nervös? Ohne uns geht der Verkehr doch sowieso nicht weiter.

Nee, ich sag immer: als Müllmann hat man eine große Verantwortung in der Gesellschaft. Wie würde das hier wohl aussehen in der Stadt, wenn wir nicht wären? Siehst du ja auch immer, wenn die ÖTV mal wieder ihre Tarife erhöhen will. Heißt das doch gleich immer: Müllmänner an die Front. Na ja, dann stinkt das erstmal wieder drei Tage bestialisch in der Stadt – aber die ÖTV kriegt ihre Tarife durch. Was sagst du immer, Kalle: Wir sind sozusagen die chemische Keule. Da kommt keiner gegen an. Was ist denn, Kalle. Du kannst ja schon vorgehen. Ich kann jedenfalls noch nichts hören? Ja, gleich.

Weißt du, als Müllmann sag ich immer: Ist doch sowieso alles Müll. Warum regst du dich auf im Leben – irgendwann kommst du auch auf die Deponie. Hast das gelesen von diesen berühmten österreichischen Maler da neulich? Also das hat mich als Müllwerker interessiert: Arnulf Rainer, heißt der Mann – der ist damit berühmt geworden, daß er die Bilder von andern Malern übermalt hat. Nicht die Originale, bei Rembrandt usw., nur Reproduktionen. Hat da mit schwarzer Farbe draufrumgemalt. Hat die Bilder also sozusagen kaputtgemalt, daß ein normaler Mensch sie jetzt aufn Müll geworfen hätte. Aber das war nun grade die Kunst: daß die Bilder eben nicht mehr einfach nur so Bilder waren von einem Heiligen oder so – sondern übermalt – und haben dadurch eine neue Dimension. Verstehst du, Kalle. Ja, ernsthaft. Übermalte Bilder. Alle haben sie gesagt: große Kunst. Bloß, nun paß auf: jetzt hat dieser Müllmaler, also Übermaler feststellen müssen, daß seine eigenen Bilder – also keine übermalten, sondern was er selbst gemalt hat ohne Übermalung –, daß die also von irgend jemand anders heimlich übermalt worden sind. Aber statt daß er nun froh ist, daß irgend jemand auch seine Bilder nun in eine neue Dimension gebracht hat, ist er total entsetzt und klagt gegen die Akademie da in Wien. Die hätten besser aufpassen müssen, seine schönen Bilder zu übermalen, da kann man ja gar nicht mehr richtig erkennen, was er gemalt hat. Also irgendwie doch inkonsequent, oder? Was, Kalle, da sind wir von der Müllabfuhr einfach besser? Was? Müll ist Müll, sagen wir immer. Unseren eigenen Müll finden wir auch nicht besser als den Müll von allen andern!

Ja, ist gut, ich komm ja mit. Wir stehn da nämlich an der Baustelle. Als wir losgingen, waren schon wieder die ersten am Hupen. Und Kalle läßt sich davon nervös machen.

Blöde Graugänse

Heike und ihre Freundin Sabine gingen am Deich spazieren. Heike mußte sich so vieles von der Seele reden:

»Ja, unsere Scheidung läuft. Ich hätte nie gedacht, daß mich das noch so kaputtmachen könnte.«

»Da hinten – das sind Graugänse, die da auf dem Vorland stehen. Die ziehen bestimmt noch weiter nach Skandinavien.«

»Wo? Ach ja. – Aber ich habe es ja so gewollt. Es wäre ja auch nicht mehr gegangen mit Ewald. Er hat nur Interesse für seinen Garten, seinen Fußball und sein Aquarium. Seit ich Amtsfrau bin, ist mir das überhaupt erst aufgegangen: Wir haben einfach nicht dasselbe geistige Niveau. Ich brauche einen Mann, der mir intellektuell was bieten kann.«

»Das sind die, an denen Konrad Lorenz seine Forschungen gemacht hat.«

»Was?«

»Die Graugänse.«

»Ach so. Ja, ja, weiß ich. – Und dann die Geschichte mit Michael. Das war wie ein Naturereignis. Es ist über uns gekommen wie ein Taifun. Es war einfach Leidenschaft. Und trotzdem wußten wir: Es kann nicht dauern. Michael war ja schließlich verheiratet. Und dann gab es doch noch diese Spanierin. Ich wußte das alles. Und trotzdem: Wir hatten dieselbe Wellenlänge. Auch rein vom Kopf her. Verstehst du?«

»Ich glaube, die sammeln sich da zum Abflug.«

»Hörst du mir eigentlich zu?«

»Natürlich. Jedes Wort.«

»Als Michael Schluß machte, bin ich ohne eine Träne gegangen. Dann wollte ich mich umbringen. Ich dachte, es geht nicht mehr ... Aber gleichzeitig erwuchs da wieder so ein Verantwortungsgefühl für Ewald. Er ist ja ein guter Mensch – eigentlich –, und ich dachte: Wir können es doch noch mal versuchen. – Da erzählt mir dieser Tölpel doch tatsächlich: Er tröstet sich mit einer Serviererin. Erst wollte er sterben, als ich gegangen war. Jede Nacht diese Anrufe! Und nun mit einem Mal: ›Ich liebe dich noch, Heike. Aber ich will nicht mehr. Elke und ich, wenn wir zusammen im Garten arbeiten ...‹ – O Gottogottogottogott!«

»Die Graugänse ... wußtest du eigentlich ...?«

»Wie bitte? Hör doch endlich mit diesen blöden Graugänsen auf! Die verbringen das ganze Leben mit einem einzigen Partner, unzertrennlich, auf ewig verheiratet! So einfach kann man es sich nun wirklich nicht machen!«

Meine Frau ist verreist

Mann (45) am Tresen, schon etwas betrunken.

Ich betrinke mich nie – schon gar nicht wegen meiner Frau. Aber heute hier – in Ihrer Bahnhofskneipe – trinke ich, soviel ich will! Jawohl! Das ist ja ganz normal heute, daß dir deine Frau eines Abends eröffnet: »Morgen fahr ich mit meiner Freundin nach Portugal. Du hast doch nichts dagegen, oder?« – Tse. »Ich brauch auch mal meine Freiheit«, sagt sie eben noch am Zugfenster. »Ferien von der Ehe. Das verstehst du doch, Liebling?« – »Klar versteh ich das, Schatz. Ich versteh alles. Was die Frau von heute braucht, das braucht sie eben!«

Danke. Noch einen.

Das hat man davon, daß man kein Chauvi sein will. Wir sind ja alle bekloppt, sag ich dir, wir Männer. Wir merken das gar nicht, wie die Frauen uns allmählich versklaven. Sechstausend Jahre haben sie gekuscht und getan, was ihre Ehemänner verlangten. Und auf einmal werden sie frech. Und wir stehen daneben und geben ihnen noch recht. Ich hätte sie in'n Keller einsperren sollen und an der Heizung anketten. Aber nein: Ich (hick), ich Idiot, ich tu noch so, als wenn es das Normalste von der Welt ist, daß meine Frau allein in Urlaub fährt. An die Algarve. Da lachen die sich einen an und bumsen da vierzehn Tage rum. Das weiß ich doch genau. Danke. Nee, so weit hätten wir das nicht kommen lassen dürfen. Quotenregelung, Gleichberechtigung – alles deka-dekadent, pervers ist das. Früher waren Frauen gar nicht als Menschen anerkannt – und jetzt...? Ja, aber sicher! Erst im elften Jahrhundert oder so hat irgend so 'n Papst Innozenzdingsda bekanntgegeben, daß Frauen keine Tiere sind. Ja – und das war eben der Irrtum! – Wieso vorsichtig? Das ist wahr! Nicht, daß ich mich vollaufen lassen will – aber darauf trink ich auch noch einen!

Ich bin gar nicht für die Kirche. Aber die sind die einzigen, die das immer richtig begriffen haben. Klar haben Frauen was Animalisches. Tiere haben ja auch viel schönere Bewegungen. Frauen sind Raubtiere – das ist doch sogar 'n Kompliment. Man kann sie bewundern oder vor ihnen zittern. Aber man muß sie einsperren ... und nicht etwa allein in Urlaub reisen lassen – wie ich blöder Hund!

Wie gesagt, ich laß mich dafür nicht vollaufen – aber nüchtern ertrag ich diese Demü-Demütigung nicht.

»Ich kann schon alleine auf mich aufpassen«, sagt sie. »Oder vertraust du mir etwa nicht?« fragt sie.

Dabei muß ich ihr sonst jede Entscheidung abnehmen. Wenn sie ein Auto kaufen würde – allein –, dann würde sie immer eins in Lila nehmen. Alles andere wär ihr egal. Hauptsache, lila.

Wenn ich sage: Laß uns ins Kino gehen, sagt sie: Ich hab keine Lust. Wenn es dann zu spät ist, sagt sie: Warum sind wir nicht ins Kino gegangen? Weil du keine Lust hattest, sage ich. Dann sagt sie: Ich hatte aber doch Lust. Du mußt doch wissen, was ich wirklich meine, wenn ich etwas sage.

Mein Glas ist schon wieder leer!

Frauen wissen ja auch nicht selber, ob sie zum Beispiel ein Kind kriegen wollen sollen oder nicht wollen dürfen. Die können ja auch gar nichts selber beurteilen, ob es ihnen schlechtgeht oder ob es ihnen gutgeht. Nee – das sag nicht *ich*. Das sagt die *Frauenministerin* – Brönsch oder Bönch oder wie die heißt, das weiß ja kein Mönsch. Paragraph 218! In dem Punkt hat sie doch recht: Wenn es um richtige Verantwortung geht, kannst du eine Frau nicht allein entscheiden lassen. Das handelt sich gar nicht um Abtreibung oder nicht – das geht einfach darum, daß Frauen unzurechnungsfähig sind, wenn es um wirklich Wichtiges geht. Wie soll denn so ein Zwitterwesen aus Mensch und Tiger wissen, ob es in einer Notlage ist oder nicht? Frauen wissen ja noch nicht mal, ob sie zufrieden sind, wenn sie unzufrieden sind, aber wenn sie unzufrieden sind, sind sie trotzdem nicht zufrieden … Wenn ein Mann ein Kind kriegen würde, wäre das ganz etwas anderes. Wie? Wieso wär er dann eine Frau? Wenn ein Mann eine Frau wäre, meine ich – und ein Kind kriegt und es nicht haben will, dann könnte *er* es auch allein entscheiden! – Wieso denn? Wieso ist er dann eine Frau? Nicht, wer das Kind kriegt, ist die Frau – sondern wer darüber entscheidet, ob das Kind gekriegt werden soll oder nicht, der kriegt das Kind, denn der ist die Frau, und das ist der Mann. Insofern ist sowieso der Mann die Frau, und die Frau ist … Die Frau ist verreist …

(Fällt hinter dem Tresen um.)

Lied für den Müllschlucker

Ich ging im Treppenhause
schweratmend für mich hin.
Im zwölften Stock Frau Krause
zu suchen, war mein Sinn.

Da hört ich etwas weinen
als käm es aus der Wand.
Ich sah, daß ich vor einem
Müllschlucker mich befand.

»Tatst du ein Kind verspeisen?
Sprich, Müllschluck, sprich! O Schreck!«
Man weiß, die Leute schmeißen
heut einfach alles weg.

»Ach, nein, heut hab ich keinen
Säugling noch nicht verschluckt.
Doch weh, ich muß so weinen,
weil mich der Magen druckt.

Ich möchte bloß mal wissen:
Warum, wie kommt das denn,
daß einige fressen müssen
den Dreck der anderen.

Ich glaub, ich muß gleich spucken,
Und es verbittert mich.
Ich will nicht mehr müllschlucken.
Warum denn immer ich?!«

Die ganz großen Tomaten

Altes Ehepaar Sitzt auf dem Sofa. Sie, Martha, strickt;
er, Christian, liest die Zeitung.

MARTHA Ich hab sie gekriegt, Krischan. Die ganz großen Tomaten, ich hab sie gekriegt. Die können nicht verfaulen.
Das sind die mit den Genen, weißt du. Wo sie innendrin
irgendwie alles umdrehen, in den Zellen oder so.

CHRISTIAN So. Und was willst du damit?

MARTHA Erst wollte mir Herr Boekenhauer gar nicht sagen,
welche Tomaten die mit den Genen sind. Aber als alte Kun-
din, sagt er, verrate ich es Ihnen. Und dazu hab ich noch
drei Kilo Mais gekauft. Auch mit den umgedrehten Genen.
Und Soja-Öl, sagt Herr Boekenhauer, da kann ich von ausgehen, daß das auch umgedreht ist mit den Genen.

CHRISTIAN Ja, ist ja gut »mit den Genen«. Aber was willst du
denn damit?

MARTHA Salat machen. Für Ingo, hab ich gedacht, unseren
allerliebsten Schwiegerenkel. Ich kann den Gedanken nicht
mehr ertragen, wie er unsere Enkeltochter behandelt. Neulich hatte die arme Barbara schon wieder ein blaues Auge.
Und sie hat so geweint am Telefon.

CHRISTIAN Ja, und? Was hat das mit Tomaten zu tun?

MARTHA Tomatensalat ist sein Leibgericht. Und wenn er
heute abend kommt und drei Wochen bei uns wohnt, weil
er auf Montage ist, denn mach ich ihm drei Wochen lang
Tomatensalat. Mit Reis und Sojaöl! Das dauert denn zwar

ein bißchen – aber in zehn Jahren spätestens hat Barbara ihn denn von Hals.

CHRISTIAN Versteh ich nicht. Durch Tomatensalat?

MARTHA Ja, sicher. Da gibt das doch Krebs von. Hab ich mich doch erkundigt. Und nicht nur Krebs, vielleicht noch viel was Schlimmeres, was sie noch gar nicht wissen. Dann geht Ingo qualvoll zugrunde. Und das hat er auch verdient.

CHRISTIAN Das ist doch Blödsinn. Doch nicht von Tomatensalat! Hab ich doch hier grade gelesen inner Zeitung: die Experten von der Landwirtschaft und vonner Lebensmittelindustrie sagen: die sind vollkommen ungefährlich, diese umgedrehten Gene, für die Gesundheit!

MARTHA Ja, eben! Das weiß ich doch. Das haben sie doch damals bei den Holzschutzmitteln auch immer gesagt. Hoch und heilig haben die Experten geschworen: Alles ungefährlich. Aber nach ein paar Jahren sind die Menschen da reihenweise dran gestorben und verkrüppelt. Und die Experten sagen: Ja, das konnten wir damals ja noch nicht wissen. Wir hatten ja noch keine Ergebnisse. Also mit anderen Worten: der Menschenversuch, der war noch nicht abgeschlossen. Und diesen Menschenversuch, den werd ich jetzt an Ingo machen.

CHRISTIAN Aha. Na ja. Aber das geht doch gar nicht. Ich mein: dann müssen wir beide ja auch immer davon mitessen, sonst merkt er das doch.

MARTHA Das ist ja grade das Schöne, Christian. Wir sind jetzt beide über 80. Bis der Krebs kommt – also neunzig werden wir doch sowieso nicht mehr. Aber Barbara, die ist denn erst 42. Denn kann sie noch was anfangen mit ihren Leben.

CHRISTIAN Ja, ja – wenn er sie bis dahin nicht schon totgeschlagen hat.

MARTHA Ach wo. Er wird doch denn auch langsam immer

schwächer, in den letzten Jahren siecht er nur so dahin. O ich freu mich schon da drauf, wenn er ordentlich reinhaut in die umgedrehten Tomaten. Schmeckts, Ingolein? Nimm dir ruhig noch mehr. Je mehr, desto besser!

CHRISTIAN Ja, denn man zu. Denn fang man schon an, den Salat zu machen.

MARTHA *(steht auf)* Ist das nicht schön, Christian? Jetzt hat die Wissenschaft endlich mal was erfunden, wo nur wir alten Leute einen echten Vorteil von haben.

Amsel fliegt irgendwohin

Es hat eine Amsel gebadet.
In einer Pfütze. Beim Notausgang.
Hat niemandem genützt. Hat niemandem geschadet.
Ungefähr dreieinhalb Minuten lang.

Muß man aber im Zusammenhang sehen.
In Zeiten hochdramatischer
Währungsverhandlungen ist dies geschehen.
So, als wenn gar nichts geschehen wär.

Der Rentner II

Willi Pahlke kommt wieder durch den Park gehumpelt, sieht sich ängstlich um. Auf der Bank sitzt eine junge Mutter, die einen Kinderwagen vor sich hat.

Pst, junge Frau, nicht erschrecken. Wenn ich mich mal einen Augenblick neben Sie setzen könnte. Denn können die mir nichts tun. Rentnerabschußbeauftragte. Großes Hallali auf Organentnahmespender. Aber so halten die mich vielleicht für den Opa von Ihrem Kleinen. So zwischen Weihnachten und Neujahr muß man unbedingt sehen, daß man ausbrechen kann ausm Altersheim. Sonst binden die einen gnadenlos am Bett fest.

Ja, ist ja nur Notdienst. Der Zivi und die Oberschwester Olga. »Tut uns leid, Herr Pahlke, aber zu Ihrer eigenen Sicherheit müssen wir Sie n bißchen anbinden.« Ja, und die andern Alten, die sperren sie im Fernsehzimmer ein – und denn feiern die beiden Weihnachten auf der Liege von der Nachtschwester.

Herbert Reffke hat sie mal in flagranti erwischt. Wie alt ist er denn, der Kleine?

Sechs Monate.

Ach, wie niedlich.

Ja, wir Alten und die kleinen Kinder, wir haben ja eines gemeinsam: Zu uns sind die Leute auch immer so scheißfreundlich: »Na, Herr Pahlke, immer noch so rüstig auf den Beinen?« Bloß unser Kindergeld, das haben sie *uns* ja gestrichen. Ja, der

Staat muß ja sparen, und darum kriegen die über Hundert-jährigen nicht mehr zu jedem Geburtstag ihr Geburtstags-geld von 250 Mark, sondern nur noch zu jedem runden Geburtstag über Hundert. Also hundertfünf oder hundert-zwanzig. Ich sag zu Heiner Krause – also er ist wütend, weil er wird hundertdrei nächstes Jahr – ich sag: niemals würde ich darauf bestehen auf den 250 Mark. Man will doch als Rentner nicht daran schuld sein, wenn der Staat kaputt geht. Nee, man muß ja als Rentner sehen, daß man so wenig wie möglich auf-fällt. Die haben doch schon lange das Gesetz für die Lebens-altersbegrenzung in der Schublade. Das größte Problem für diesen Staat sind doch wir, die Rentner. Wie heißt er denn, der kleine Mann? – Juliane? – Ach so, ein Mädchen. Juliane haben wir grade vor 14 Tagen beerdigt. 81 ist sie geworden. Aber auch ein Fall von grade nochmal verhindertem Sozialmiß-brauch. Sie wollte ja unbedingt noch einen Bypass haben. Ja, denn hätte sie noch neunzig werden können oder noch mehr. Aber daß sie damit auch den Staat wieder zugrunde richtet, hatte sie keine Skrupel. Na, die Krankenkasse hat das denn immer weiter und weiter rausgeschoben, bis es zu spät war. Naja, das kostet ja auch alles dreifach und doppelt. Ja, erstmal die Operation selber und daß man denn immer noch länger lebt. Das kostet. Ich mein: mit dem Schuldgefühl mag man ja auch nicht leben.

Wenn ich Sie mal kurz einhaken dürfte, junge Frau. Da kommt wieder dieser Parkwächter. Man kann ja heute keinen Menschen mehr trauen. Der ist nun selber Rentner, aber ich trau ihm das zu, daß er mit seinem Aufpickerstock auch auf Rentnerabschußprämie aus ist.

Ja, Berti Neumann haben sie ja die Dialysemaschine abge-stellt. Von der Krankenkasse. Weil das zu teuer wurde. Aber haben sie ihm natürlich nicht gesagt, sondern haben sie ihm geschrieben: ... machen wir die freudige Mitteilung, daß Ihre

Nierenbehandlung um die Hälfte vermindert wird. Das ist mein Todesurteil, hat Bernie gleich gesagt. Drei Wochen später ist er abgenibbelt. Ich meine, man sieht das ja ein, daß es eine Unverschämtheit ist gegenüber dem Wirtschaftsstandort Deutschland, wenn man immer älter und älter wird. Aber ich meine: denn könnten sie doch eigentlich gleich reinschreiben in Grundgesetz, Artikel 14 oder was weiß ich: Jeder Bundesbürger hat eben nur 75 Jahre zur Verfügung. Und denn ist jedes Jahr nach Weihnachten großes Alteneinschläfern in der Turnhalle. Bürgermeister hält ne kleine Ansprache, es gibt einen kleinen Umtrunk. Dann hätte man doch wenigstens was, wo man sich drauf freuen kann. Nee, aber das wollen die Herren ja auch wieder nicht. Nee, im Gegenteil, immer vor der Wahl, da wimmelt das bei uns im Altersheim vor Politikern. Na, Opa, wie geht es uns denn? Wir geben Kaffee und Kuchen aus.

Meine persönliche Wolke

Sie können sagen, daß alles Erfindung sei.
Aber ich schwöre:
Auf einem Berg sitzend sah ich einwandfrei:
ringsumher völlige Wolkenleere.

Bis plötzlich drüben, am Teufelshorn
wie ein Rauch aus keinem Mund
aus der Wolkenleere hinten und vorn
eine Wolke entstund.

Ich denke noch: wie und woher…?
Da sehe ich: eben entstanden,
entsteht sie zurück, ist schon nicht mehr
oder: ist, aber ist abhanden.

Seither ist sie mein. Damit ihr es wißt:
Oft umwölke ich meinen Sinn
mit der Wolke, die ist und abhanden ist,
bis ich selber abhanden bin.

Politiker II: Gewissensforschung

Ja, Privatleben kann man abschreiben in diesem Beruf. Komm mir manchmal vor wie auf einem Minenfeld. Als Politiker ist man von Tretminen umgeben. Und wenn man nur einmal nicht aufpaßt ... Hier – hab ich mir ein großes Fragezeichen drauf gemalt: *(hält Vorgang hoch)* Paragraph 218. Abstimmung. Was soll man mit so was anfangen:

Hinweis der Parteispitze: ... wird noch einmal ausdrücklich darauf hingewiesen, daß in der Beschlußsache 478, Absatz zwei, Blatt drei, Gesetzesvorlage römisch drei für die Abstimmung keinerlei vorhergehende parteiinterne Richtlinien abgesprochen sind: Die Abgeordneten sind allein ihrem Gewissen verpflichtet. *(Wählt.)*

Ich meine: Was soll das? Da kriegt man doch das Fürchten: Was wollen die wieder von mir? Knaack! Ja, ich hatte mit dem Fraktionsvorsitzenden persönlich abgesprochen, daß ich ihn heute vormittag um telefonische Auskunft bitten würde ... Ja, danke, ich warte ... Ich meine: Man muß doch gesagt kriegen ... Ja, Knaack hier. Sie erinnern sich, Herr Vorsitzender. Ich hatte Sie angesprochen wegen dem Ukas zur Abstimmung morgen ... Na ja, meine Frage ist einfach, verstehen Sie, ich wollt ganz simpel nur wissen – ich bin ja immer für klare Verhältnisse: Wie sollen wir denn nun abstimmen bei Paragraph 218? – Bitte, ja, ja! Hahaha. Als Abgeordneter bin ich ganz allein meinem Gewissen verpflichtet. Ja, das hab ich schon mal irgendwo gehört. Ist mir bekannt. Aber im Ernst: Man möchte ja nichts falsch machen. Was da steht, hab ich gelesen:

Es wird keinerlei Fraktionszwang ausgeübt. Allein dem Gewissen verpflichtet. Ach so. Jetzt verstehe ich! Richtig! Wir sollen also gegen die Vorlage der Partei stimmen? Bitte? Na ja, das ist ein taktisches Manöver, nicht wahr. Wir schmettern den eigenen Entwurf ab, und dadurch haben Sie dann freie Hand dem Koalitionspartner gegenüber... Nein? Ach so? Also dann sollen wir *für* den Entwurf? Bitte? Allein nach unserem Gewissen, sagen Sie noch mal! Ja, ja. Aber seien Sie doch bitte nicht so grausam, Herr Fraktionsvorsitzender. Was soll mir mein Gewissen denn sagen? Ich meine: Das haben wir ja noch nie gemacht. Was heißt denn überhaupt: nach dem Gewissen? Wofür soll es stehn in diesem Falle? Oder lassen Sie mich so fragen: Was hätte denn das Gewissen der Partei in diesem Falle entschieden? Die Partei hat kein Gewissen? Ach, nur der einzelne Politiker... Ja, tut mir leid... Nein, ich wollte Sie nicht verärgern, um Gottes willen, das liegt mir fern. Ach so: Ja, ich habe es verstanden: kein Fraktionszwang. Alle Abgeordneten sind ganz allein ihrem Gewissen verpflichtet. Danke schön. Sie können sich auf mich verlassen!

Irrtum vorbehalten

Himmel, Arsch und Zwirn!
Der Papst kann sich nicht irrn.

Bedenkt: wie schlimm ist einer dran,
der sich nicht irrenkönnen kann!

Es irrt der Mensch, es irrt das Pfird
(das Pferd!, weil auch ein Setzer irrt).

Es irrt auch der Computer nicht?
Ein Irrtum! Oft vertut er sich!

Nur, Himmel, Arsch und Zwirn:
Der Papst kann sich nicht irrn.

Er hat vielleicht nur eins im Hirn:
Ich armer Papst möcht einmal irrn.

Doch wie er sich auch irrend müht,
er irrt, wenn er sich irren sieht,

irrt also, irr!, er irre, nicht.
Es irrt der Wirt, es irrt das Licht,

das Irr-Licht (und zwar nachts umher)
und jeder Irre irret sehr,

der sich im Irrtum, daß er irrt,
nicht irr zu sein, verwirr-verwirrt.

Nur, Himmel, Arsch und Zwirn:
Der Papst kann sich nicht irrn.

Tretminen

Rüstungsvertreter beim Staatssekretär.

RÜSTUNGSVERTRETER Wenn ich noch einmal die Auftragsposition Tretminen ansprechen dürfte, Herr Staatssekretär...

STAATSSEKRETÄR Um Gottes willen, lassen Sie mich mit diesem Thema zufrieden. Ich kann Ihnen zur Zeit nicht einmal die Aufträge unserer amerikanischen Freunde vermitteln...

RÜSTUNGSVERTRETER Aber Herr Staatssekretär, ich habe da einen sensationellen Vorschlag...

STAATSSEKRETÄR Wenn ich sage: wir müssen uns bedeckt halten, dann müssen wir es auch. Begreifen Sie das doch. Auch Ihre reichlich bemessenen Parteispenden können uns da nicht weiterhelfen, es tut mir leid.

RÜSTUNGSVERTRETER Unsere Parteispenden? Aber Herr Staatssekretär – die waren doch nie mit irgendwelchen Erwartungen unsererseits verbunden. Nein, nein: Ich komme heute mit einem genialen Vorschlag...

STAATSSEKRETÄR Und ich sage Ihnen: Es gibt keinen genialen Vorschlag für die Lieferung von Tretminen. Da muß erst Zeit vergehen. Seit diese Diana da, diese sentimentale Märchenprinzessin, die ganze Welt aufmerksam gemacht hat – mit ein paar abgerissenen Kinderbeinen –, kann ich es einfach nicht wagen, mich für weitere Aufträge einzusetzen.

RÜSTUNGSVERTRETER Auch nicht für Abräumgeräte?

STAATSSEKRETÄR Für was bitte?

RÜSTUNGSVERTRETER Minenräumer Herkules Z 70. Komplett mit Fahrer und zwei Ersatzfahrern. 350000 DM in der Grundausstattung.

STAATSSEKRETÄR Wie bitte? Sie befassen sich mit der Räumung von Minen? Wollen Sie sich selber kaputtmachen? Wenn ich mich nicht irre, ist Ihre Firma der drittgrößte Tret- und Tellerminen-Produzent. Und das wollen Sie einstellen?

RÜSTUNGSVERTRETER Einstellen? Wie kommen Sie darauf? Die Produktion von Minen ist ganz klar eines der lukrativsten Waffengeschäfte überhaupt, wem sage ich das, Herr Staatssekretär – und soll es natürlich auch bleiben.

STAATSSEKRETÄR Ja, was reden Sie denn dann von Minenräumgeräten! Was wollen Sie denn damit?

RÜSTUNGSVERTRETER Die Produktion von Minen wieder in Schwung bringen – und zwar auf legale Weise.

STAATSSEKRETÄR Augenblick mal. Wer von uns beiden hat hier jetzt einen Black-out? Sie haben dieses Abräumgerät Herkules in Ihr Programm aufgenommen?

RÜSTUNGSVERTRETER Ja! Als Minenhersteller haben wir doch das beste Know-how für die Abräumtechnik. Wer Minen auslegt, kann sie auch am besten wieder abräumen.

STAATSSEKRETÄR Ja, gut – aber – Sie richten sich doch dann selbst zugrunde. Wenn alle Minen abgeräumt sind, braucht man auch keine Abräumgeräte mehr. Und Sie können Ihren Laden dichtmachen.

RÜSTUNGSVERTRETER Aber, Herr Staatssekretär! 500 Millionen Tretminen liegen Gott sei Dank überall in der Welt in den Krisengebieten. Die Kapazität ist ohnehin nahezu erschöpft. Es gehen viel zu wenig Minen im Laufe eines Jahres wirklich hoch. Ich habe ja hier die Zahlen: 50000 Tote pro Jahr, davon 18 000 Kinder, fast alles Zivilisten – das ist doch nur ein Tropfen auf den heißen Stein. Das bedeutet allenfalls 60 000 Ersatzminen, die ausgelegt werden können. Davon können wir nicht existieren. Daher unsere geniale Marktidee: Wir als Minenhersteller müssen unbedingt die Zahl der ausgelegten Minen in größerem Umfange vermindern!

STAATSSEKRETÄR Aha! Ich beginne zu begreifen!

RÜSTUNGSVERTRETER Sie vermitteln, sagen wir, zwei drei unserer Minen-Abräumgeräte an Ihre Auftraggeber. Wir überweisen Ihnen gleichzeitig wieder einmal eine größere Parteispende – ohne daß das etwas mit dem Auftrag zu tun hätte und ...

STAATSSEKRETÄR Ja, großartig! Und ich verbessere gleichzeitig mein Image. Damit geh ich in den Wahlkampf: Dr. Wölbert fördert weltweit die Abräumung von Tretminen.

RÜSTUNGSVERTRETER Na, ist das was, Herr Staatssekretär? Und gleichzeitig besorgen Sie mir den Minen-Auftrag unserer amerikanischen Freunde ...

STAATSSEKRETÄR Ja, aber ...

RÜSTUNGSVERTRETER Als Zubehör für die Abräumgeräte ... Die müssen doch getestet werden ...

STAATSSEKRETÄR Ja, ja natürlich und ...

RÜSTUNGSVERTRETER Es ist doch so, Herr Staatssekretär: Wir räumen die Minen wieder ab, die wir ausgelegt haben – und wir legen die Minen wieder aus, die wir abräumen werden. Je mehr Minen wir auslegen, je mehr können wir abräumen, und je besser wird Ihr Image. Sie erhalten den Friedensnobelpreis – als Kämpfer gegen die Menschheitsgeißel Teller- und Tretminen. Ist das nun genial oder nicht?!

STAATSSEKRETÄR Großartig, Wagenführ. Darauf müssen wir einen trinken. *(Schenkt ein.)*

RÜSTUNGSVERTRETER Jawohl. Und indem wir anstoßen, kämpfen wir gegen den Teufel Alkohol. Er muß vernichtet werden. Abgeräumt! Prost!

Charlie will raus

Als der Mann gegangen war, saß die Frau in ihrer Wohnung und stützte sich mit den Armen vornüber auf den Tisch. Das Gefühl der Demütigung und der Verlorenheit schmerzte sie so stark, daß sie fürchtete umzusinken. Nach dreiundzwanzig Jahren Ehe! Wie hatte sie diesen Mann geliebt! Wie liebte sie ihn immer noch. Sogar in diesem Augenblick. Jetzt hatte er sie sogar geschlagen. Es sollte eine Aussprache werden. Sie hatte so gehofft, daß irgendwie ein Wunder geschehe. Getreten hatte er nach ihr. Sie mit der Hand von sich weggeschlagen ... »Ich möchte tot sein«, sagte sie zu sich selbst.

Im gleichen Augenblick hörte sie ein Fiepen unter dem Tisch. Der Hund! Ach ja – den gab's auch noch.

Der Hund fiepte.

»Ruhig, Charlie«, sagte die Frau.

Aber der Hund fiepte weiter.

»Oh, du dummes Tier«, sagte die Frau. »Ich weiß nicht ein noch aus – und er: will raus hier, will auf die Straße.«

Der Hund fiepte wieder. So richtig mitleiderheischend: »Laß uns endlich runtergehen.«

»Uli hat mich verlassen, du dummes Tier. Für immer. Nach dreiundzwanzig Jahren Ehe. Er wird nie, nie zurückkommen. Nie! Ich weiß nicht, was ich machen soll, wie ich weiterleben soll ohne ihn.«

Der Hund sah sie mit großen Augen an – und fiepte.

Da mußte sie plötzlich in all ihrer Verzweiflung lachen. Es dämmerte ihr die Erkenntnis: »Es gibt tatsächlich außer mir

noch Kreaturen auf der Welt, die irgendwelche eigenen Wün-
sche haben.«

»Komm, Charlie«, sagte die Frau. »Wir gehen erst mal raus.«

Kein Pflegefall

Rentnerpaar Gisela und Erwin Suttenbacher. Sie ist noch rüstig. Erwin sitzt apathisch im Rollstuhl. Der Rollstuhl hat seitliche Kopfstützen, mit denen Erwins Kopf seitlich arretiert wird.

GISELA *(schreit)* Du wirst nicken, Erwin, wenn dich der medizinische Gutachter von der Pflegeversicherung fragt. Auf *den* kommt es nämlich an, Erwin! Wenn er dich fragt, ob du Hilfe brauchst beim Essen, dann nickst du. Nicken wirst du, Erwin, hast du mich verstanden!!?

ERWIN *(guckt verständnislos und bringt Grunzlaute hervor.)*

GISELA *(schreit)* Schüttel nicht wieder den Kopf wie beim vorigen Mal. Du kannst nicht mehr alleine essen, Erwin. Du kannst auch nicht allein aufn Topf. Also: wir üben das jetzt: Herr Erwin Suttenbacher, brauchen Sie Hilfe beim Essen? Na? Brauchen Sie Hilfe beim Essen?

ERWIN *(versucht zu nicken, wackelt aber mit dem Kopf dabei.)*

GISELA *(schreit)* Nicken sollst du, nicken, Erwin! Ich stell dir die Kopfstütze noch fester! Brauchen Sie Hilfe bei den Ausscheidungen, Herr Suttenbacher? Ob du alleine Klein und Groß machen kannst?! Erwin, wenn du dich da wieder genierst und mit dem Kopf schüttelst wie voriges Mal: ich bring mich um. Ich kann das nicht mehr allein. Wir brauchen Hilfe. Brauchen Sie Hilfe bei den Ausscheidungen...?

ERWIN *(bringt mit Anstrengung ein Nicken zustande.)*

Es klingelt.

GISELA Na Gott sei Dank! Da ist er! Nicken, Erwin! Immer nicken!

PFLEGEVERSICHERUNGSBEAUFTRAGTER KÖSTER *(schon im Treppenhaus)* Schnell, schnell! Köster, mein Name. Ich habe heute noch sechsunddreißig Pflegefälle zu beurteilen. Wo ist er?

GISELA Hier. Mein armer Erwin. Er kann nicht mehr sprechen. Er hört nur noch ganz schwer. Zwei Schlaganfälle und sein schwaches Herz …

KÖSTER Jajajaja, das interessiert hier ja gar nicht. Gewährung, ob Pflegehilfe ja oder nein, wird allein nach den drei Kategorien beurteilt: Erstens: Ernährung, zweitens Mobilität, drittens Körperpflege. Hier mein Fragebogen, ich beginne mit der Befragung des Antragstellers … Verdammt nochmal, mein Kugelschreiber … Hätten Sie vielleicht einen Kugelschreiber?

GISELA Augenblick bitte, ich bin sofort wieder da. *(Eilt umher.)*

KÖSTER *(nimmt einen zweiten Kugelschreiber aus der Tasche)* Ach, da ist ja noch einer. Also: Sind Sie voll vernehmungsfähig, Herr äh – äh – Erwin Suttenbacher?

ERWIN *(nickt.)*

KÖSTER Wunderbar. Alles klar. Frage 1 Ernährung: Können Sie noch alles ganz alleine essen?

ERWIN *(nickt.)*

KÖSTER Aha. Kann noch ganz alleine essen. Frage zwei: Mobilität. Was ist mit Ihrer Mobilität? Ob Sie sich noch bewegen können, Herr Sulzenberger?!

ERWIN *(nickt.)*

KÖSTER *(lacht)* Ja, wunderbar. Das sieht man ja auch deutlich, ausgezeichnete Bewegungsfähigkeit von Hals und Kopfmuskeln und da: großartig, mit den Augen blinzeln kann er auch noch. Ja, also: dann nur noch Frage drei: Körperpflege. Können Sie noch alleine auf Toilette gehen? Hallo, Herr Suttenbacher?

Wischen Sie sich noch den Hintern ab alleine?

GISELA *(kommt herein mit Kugelschreiber.)*

KÖSTER Herr Suttenbacher! Wisch, wisch und pischer pischer – machen wir das noch ganz alleine?!

ERWIN *(nickt)*

GISELA Um Himmels willen! Nein! Er ist doch völlig unfähig. Erwin, mein Gott, was soll denn das!!!

KÖSTER *(packt seine Sachen zusammen.)* Beim besten Willen, gute Frau, tut mir leid: Ihr Mann ist leider noch kein Pflegefall! Alleine essen, sich bewegen, zur Toilette gehen: alles mit Ja beantwortet. *(Schreibt noch in seinen Papieren)*

GISELA *(schreit)* Erwin, was hast du getan! Ich kann das doch nicht mehr alleine schaffen. Erwin, warum tust mir das... *(plötzlich leise)* Erwin... Erwin, nick doch nochmal... Erwin... Er ist tot. Mein armer Erwin ist tot...

KÖSTER Tot? Aha! Dann hat er also nur simuliert, und Sie haben mich hier zu einem Verstorbenen gerufen! Sie wollten Ihre Pflegeversicherung täuschen! Oha! Das kann Sie teuer zu stehen kommen. *zerreißt den Fragebogen* Muß alles doppelt ausgefüllt werden. Unnötige Anreise, Kilometergeld, medizinische Beurteilung, wird Ihnen alles in Rechnung gestellt...

GISELA Aber nein, er hat doch noch gelebt... Erwin...!!

ERWIN *(Ein Arm fällt runter und pendelt.)*

GISELA *(schreit auf)*

KÖSTER Unfaßbar. Simuliert noch als Leiche, daß er sich bewegen kann. Da wird noch eine Anzeige fällig, gute Frau, wegen arglistiger Täuschung Ihrer Pflegeversicherung.

Der Jackpot

Klara und Karl-Heinz, älteres Ehepaar, sitzen am Küchentisch. Klara liest Zeitung.

KLARA 30 Millionen sind im Jackpot! Warum hast du keinen Lotto-Tip abgegeben!? 30 Millionen, die könnten wir jetzt haben!

KARL-HEINZ Ach so ein Unsinn! Keiner hatte sechs Richtige. Und ausgerechnet wir hätten sie haben sollen.

KLARA Ja, warum denn nicht wir? Das eine Mal, wo wir Glück gehabt hätten, hast du uns verdorben, weil du nicht getippt hast!

KARL-HEINZ Aber Klara. Sechs Richtige im Lotto – die Wahrscheinlichkeit ist doch fast null. Es hatte ja auch keiner sechs Richtige.

KLARA Aber wir, wir hätten sie gehabt.

KARL-HEINZ Wir? Wieso denn wir?

KLARA Weil du nicht getippt hast. Alle andern haben ja getippt und haben keine sechs Richtigen. Aber wir haben nicht getippt, und wir hätten sie gehabt, wenn wir getippt hätten.

KARL-HEINZ Wieso denn? Woher willst du denn das wissen? Wir haben doch gar keine feste Zahlenreihe, die wir immer tippen.

KLARA Das ist es ja eben. Wenn wir eine feste Zahlenreihe hätten, wüßten wir jetzt, daß wir keine sechs Richtige gehabt hätten, obwohl wir nicht getippt haben. Aber nun hast du überhaupt nicht getippt. 30 Millionen hätten wir haben können. 30 Millionen! Ich lasse mir das nicht ausreden!

KARL-HEINZ Verdammt nochmal. Woher willst du denn wissen, daß ich sechs Richtige getippt hätte, wenn ich getippt hätte?

KLARA Und woher willst du das Gegenteil wissen? Du hast ja nicht getippt. Weil du immer an was anderes denkst und nicht an uns. 30 Millionen hätten wir gehabt. 30 Millionen.

KARL-HEINZ Also gut, es tut mir leid. Am nächsten Samstag tipp ich ganz bestimmt.

KLARA Am nächsten Samstag, am nächsten Samstag. Da nützt es natürlich nichts mehr! Diesmal hättest du sechs Richtige gehabt, wenn du getippt hättest. Aber du hast es ja nicht nötig, 30 Millionen zu gewinnen.

KARL-HEINZ Ach! Wenn ich tippe, gewinne ich nicht. Nur wenn ich nicht tippe, oder was?

KLARA Natürlich nicht! So ein Glück kann man nur einmal haben. Wenn du diesmal sechs Richtige gehabt hättest, kannst du sie nicht nächste Woche schon wieder haben.

KARL-HEINZ Na gut. Dann brauch ich ja nun nie mehr zu tippen!

KLARA Ja, das ist typisch für dich. Nur weil etwas noch schwerer wird, machst du es nicht mehr. Du tippst, darauf besteh ich.

KARL-HEINZ Ja, ist in Ordnung. Nochmal sechs Richtige zu haben, obwohl ich nicht getippt hab, das halt ich auch nicht mehr durch.

Herr S. warnt in einer leidenschaftlichen Ansprache vor den Gefahren des Alkohols

Eines müßt ihr doch zugeben:
Wär es gewesen Gottes Wille,
daß die Menschen im Suff leben,
hätt er uns eben
von vornherein mit soundsoviel Promille
hergestellt oder angefertigt.
Infolge dieser Einsicht werd ich
nüchtern bleiben.
Prost.

Denn nur durch die Schärfe des ungetrübten
Gedankens vor allen Dingen
kann der Mensch die mit Recht so beliebten
geistigen Werke vollbringen.
Zum Beispiel ... Mir fallen grad keine ein.
Sargdeckelfabriken oder Schnapsbrennerein.
Oder Lokusumrandungen oder Handgranaten.
Infolge dieser Einsicht kann ich jedem nur raten,
nüchtern zu bleiben.
Prost.

Auch aus ästhetischer Erwägung
soll der Mensch oder Invalide mit Holzbein
auf die anmutige Schönheit seiner Bewegung
achten und peinlich stolz sein.

Indem alle lieblichen Gebärden,
aufrechte Ohren und übrige Glieder
unbrauchbar und schlapp werden.
Was also einsehn wir wieder?
Nüchtern bleiben.
Prost.

Und es kommt noch hinzu:
Schnaps erzeugt Wohlbehagen.
Aus Wohlbehagen könntest du
deinem liebsten Vorgesetzten sagen:
»Das größte Arschloch sind Sie noch längst nicht, Herr Klein.«
Man schämt sich später jahrelang für solche Schmeichelein.
Oder man schwört aus Wohlbehagen,
in Zukunft dem Alkohol zu entsagen.
Also, nüchtern, wenn Sie mich fragen,
bleiben.
Prost.

Und damit will ich zusammenfassen:
Die Welt ist eine Trinkerheilanstalt,
Noch niemand wurde als geheilt entlassen.
Denn nüchtern ist: wer mit den Wölfen lallt.
Wer seine Leber liebt mehr als sein Leben,
ist sowieso besoffen. Von Natur.
Denn wer sich selbst erkennt, *muß* einen heben
und fliehn in die Sich-selbst-Entziehungskur.
Also, verliebtes Publikum:
Nüchtern bleiben.
Ich fall gleich um.
Prost.

Alles Simulanten

Neulich begegnet mir aufm Flur von der Ausländerbehörde Herr Gerhard Kramer. Will in die Kantine.

»O Gott«, sagt der Beamte Kramer, »ist das wieder ein Streß heute Vormittag. Haben Sie das Drama hier eben mitgekriegt? Es fing damit an, daß ich zu meinem Kollegen Baumbacher sage:

›Hören Sie mal auf zu schreiben, Baumbacher. Wir haben Frühstück.‹ Aber der Mann ist ja richtig verbissen:

›Nur eben noch diesen Kurden bearbeiten. Ich werd doch sonst nicht fertig.‹

Ich sag, Baumbacher, daß Sie nicht fertig werden, das liegt an ganz was anderm. Den Kurden da, den hätte ich Ihnen in 30 Sekunden erledigt. Es liegt daran, daß Sie alles so übergründlich machen. Ketelmeier schafft mit seiner Abteilung 120 Abschiebungen am Tag. Wir bringen es grad mal auf 80, und da sind 75 von mir.

›Ja, ja‹, sagt er, ›einfach so abschieben, das geht ja auch schnell. Aber man muß doch jeden einzelnen Fall betrachten. Dieser Kurde hier, dieser Azal Jaf – den kann man doch nicht einfach abschieben. Der Mann wurde doch schon einmal fast zu Tode gefoltert. Wenn der wieder in die Türkei kommt . . .‹ – ›Ich sage: Zu Tode gefoltert? Wieso denn? Wie wollen Sie denn das wissen?‹ – Da fängt er fast an zu weinen: ›Sie haben doch seine Verletzungen gesehen. Er ist doch direkt kastriert worden. Ringfinger und kleiner Finger der linken Hand mit dem

Schlachtermesser abgehackt und die Nase von innen mit brennenden Zigaretten völlig zerstört.‹

›Mein Gott,‹ sag ich, ›Baumbacher. Wenn Sie das alles glauben, schaffen Sie das Pensum ja nie. Das ist doch alles simuliert.‹

›Waaas‹, sagt er, ›die abgehackten Finger simuliert? Der Mann ist doch gefoltert worden.‹ Und zeigt mir ein Foto mit irgendwelchen schrecklichen Narben. Ich sage: ›Meine Güte. Ein Foto. Und Sie gucken sich das auch noch an. Sie müssen doch nach der Liste gehen! Sehen Sie mal hier,‹ sag ich: ›Hier haben Sie die Liste. Da gucken Sie nach unter T. Türkei – Türkei ist eine Demokratie. Da wird nicht gefoltert. Simulant. Fertig. Stempel drauf. Abschieben.‹

Aber er sieht es nicht ein. ›Wenn es nur nach der Liste geht, dann brauchen wir die Asylbewerber ja gar nicht erst anzuhören!‹

Ich sage: ›Das erklär ich Ihnen doch schon tagelang. Wenn da so ein Neger vor Ihnen steht und brabbelt was daher: Ich nicht wieder zurück in Hölle, ich lieber sterben als noch mal Elektroschock auf Genitalien . . ., dann sagen Sie einfach: Augenblick mal. Nigeria, wo haben wir das? Unter N. Ah ja: Menschenrechte werden anerkannt. Sie sind ein Simulant, Sie machen uns was vor. Abschieben.‹

Aber Baumbacher wird immer jammeriger: ›Wenn er mir aber doch seine Verletzungen gezeigt hat!‹

Ich sage: ›Baumbacher, als Beamter müssen Sie unbestechlich bleiben und sich an die Vorschriften halten. Hier sind irgendwelche Narben, und hier ist die Liste der folterfreien Staaten. Woran halten Sie sich?‹

Da sagt der doch tatsächlich: ›Ja, an den Menschen natürlich.‹ Ich sage: ›Herr Kollege, so schaffen Sie Ihr Pensum natürlich nie! Wenn Sie auf jeden Simulanten hereinfallen, der sich einen Fuß abgehackt hat, dann bleiben wir ja ewig hinter Ketelmeier zurück.‹

In dem Augenblick fällt ein Schuß. Hier draußen aufm Flur. Bernhard, der Amtsdiener, steckt seinen Kopf durch die Tür und sagt: ›Der Neger aus Nigeria hat sich eben hier erschossen.‹

Da hätten Sie mal Baumbacher sehen sollen. Bricht er weinend aufm Schreibtisch zusammen und will und will nicht in die Kantine zum Frühstück!«

Hermann und Hermine: Kofferschoner

HERMANN *(kommt aufgeregt aus dem Schlafzimmer und hat zwei Koffer in der Hand)* Wieso hast du die Kofferschoner abgemacht von den Koffern, Hermine?

HERMINE Weil man durch die Kofferschoner die schönen neuen Koffer nicht mehr sehen kann.

HERMANN Nicht mehr sehen, nicht mehr sehen! Dafür bleiben sie aber wie neu!

HERMINE Ja, bloß, daß das dann keiner mehr sehen kann.

HERMANN Unsinn. Das sieht doch sofort jeder, daß das neue Koffer sind, wenn da Kofferschoner drüber sind.

HERMINE So? Dann hätten wir ja nicht so teure Koffer zu kaufen brauchen, sondern nur die Kofferschoner. Hätten wir viel Geld gespart.

HERMANN Wir haben die Koffer nicht für andere Leute gekauft, sondern für uns!

HERMINE Aber du hast doch selber gesagt: Das Leder sieht schick aus. Das zeigt was her.

HERMANN Ja. Aber für uns!

HERMINE Aber wir können das doch nun auch nicht mehr sehen, wo die Kofferschoner da drüber sind.

HERMANN Aber wir *wissen* doch, daß die Koffer gut aussehen.

HERMINE Aber wissen ist doch nicht sehen, Hermann.

HERMANN Wenn die Koffer keine Kofferschoner haben, denn sind sie nach der ersten Reise verkratzt und sehen erst recht nicht mehr gut aus.

HERMINE Ja, dann können wir ja immer noch Kofferschoner drüber machen, wenn sie verkratzt sind.

HERMANN Kofferschoner über verkratzte Koffer? Ich will doch nicht die Kratzer schonen, sondern die Koffer!

HERMINE Die Kofferschoner bleiben auch nicht immer neu. Müßten wir denn nicht auch noch Kofferschoner-Schoner haben?

HERMANN So ein Blödsinn. Ich habe keine Kofferschoner gekauft, um die Kofferschoner zu schonen, sondern die Koffer! Und je mehr die Kofferschoner verkratzt sind, um so mehr wissen die Leute, wie sehr wir die Koffer geschont haben!

»Schall God em vergeven ...«

Besonders zu Weihnachten fällt mir immer der unversöhnliche Opa Meidorn ein. Und ich freue mich jedesmal wieder darüber.

Opa Meidorn lebte mit der Familie seiner Tochter in einem kleinen Einfamilienhaus in Hamburg-Niendorf. Nebenan, ebenfalls in einem kleinen Haus, lebte der alte einbeinige Giese mit seiner Frau und zwei Söhnen. Meidorn und der alte Giese waren verfeindet. Genauer gesagt: Opa Meidorn sprach nie ein Wort mit seinem Nachbarn. Und das schon seit zwanzig Jahren.

Immer wieder zu Weihnachten versuchte Opa Meidorns Tochter, Frieden zu stiften. Je mehr Jahre vergangen waren, desto heftiger bedrängte sie ihn:

»Es ist doch Weihnachten. Gieses haben uns zum Weihnachtskaffee eingeladen. Überwinde dich, und komm mit uns!«

Während alle Familienmitglieder längst auf gute Nachbarschaft bedacht waren – blieb Opa Meidorn hart:

»Lot mir tofreden. Ick kenn den Kerl nich!«

Irgendwann Anfang der siebziger Jahre lag Opa Meidorn kurz vor Weihnachten im Sterben. Er wußte, daß es zu Ende ging.

»Herr Giese steht vor der Tür«, sagte ihm die Tochter. »Er möchte dich um Verzeihung bitten.«

»Ick will em nich sehn. Schall de lewe Gott em vergeben. Ick do dat nich!«

Bald darauf starb Opa Meidorn.

Die Sache, um die es ging, ist schnell erzählt:

Ein Jahr vor Ende des Krieges hatte Giese, der Nachbar, Opa Meidorn, der damals noch kein Opa war, bei den Nazis denunziert. Meidorn hatte heimlich ein Schwein in der Gartenlaube fettgemacht, um die Familie über den Winter zu bringen. Die Gestapo fand nicht nur das Schwein, sondern auch ein paar kommunistische Flugblätter von Meidorns Sohn Axel. Meidorn wurde tage- und nächtelang verhört, kam aber schließlich mit dem Leben davon. Den Sohn aber holten sie sich und steckten ihn ins KZ. Nie wieder hat Meidorn auch nur ein Lebenszeichen von ihm erhalten.

In den vielen Jahren, die seitdem vergangen waren – und vor allem immer wieder in den Tagen der Weihnachtsstimmung, wo in jedem Kaufhaus »Christ erstanden ist« –, muß es nicht leicht gewesen sein für Opa Meidorn zu widerstehen.

»Schall God em vergeven. Ick do dat nich!«

Der Schutzbrief

Frau Schuhmacher (50) und Herr Dreier (60) stehen auf dem Markt am Metzgerstand. Vor ihnen wird noch ein anderer Kunde bedient.

HERR DREIER Meine Frau ist mit den beiden Kindern nach Portugal gefahren. Ich muß ja hierbleiben wegen der Renovierung. Ich hab schon drei Tage nichts von ihnen gehört.

FRAU SCHUHMACHER So. So. Aha. Haben Sie denn einen ADAC-Schutzbrief?

HERR DREIER Einen was? Nee ... ich glaub ... also weiß ich nicht genau.

FRAU SCHUHMACHER Ich mein, wenn was passiert ist. Wir haben ja sooo gute Erfahrungen gemacht. Als wir damals unseren Unfall hatten bei Verona. Einen Auslandsschutzbrief müssen Sie haben.

HERR DREIER Ich weiß ja nicht genau. Meine Frau denkt ja sonst immer an alles.

FRAU SCHUHMACHER Nein, nein, wenn wirklich was passiert ist, also, daß sie krank geworden ist, oder die Kinder, das kann ja leicht mal sein in Portugal, wenn Sie einen Schutzbrief haben, ist alles ganz problemlos.

HERR DREIER Ja, ja, ich glaub schon, daß sie einen hat. Sie denkt ja immer an alles.

FRAU SCHUHMACHER Unser Wagen war ja zusammengequetscht wie ne Briefmarke. Aber die haben alles bezahlt: also die Verschrottungskosten im Ausland. Anstandslos.

Was glauben Sie, was das sonst für Scherereien gegeben hätte. Aber die haben alles geregelt, den ganzen Papierkram. Ich brauchte nur noch zu unterschreiben. Fabelhaft, wirklich.

HERR DREIER Um Gottes willen: wie ne Briefmarke?

FRAU SCHUHMACHER Ja, was denken Sie. Sogar das Taxi zum Bahnhof und zweimal zum Flugplatz haben sie bezahlt. Das lohnt sich. Marek lag ja auf der Trage und mußte nach Deutschland ins Krankenhaus.

HERR DREIER Ach Gott. Ihr Sohn ist dabei verletzt worden?

FRAU SCHUHMACHER Ja, was denken Sie denn? Querschnittsgelähmt. Aber die haben alles bezahlt. Sämtliche Flugkosten, auch meine Flugkosten – hin und wieder zurück. Das fand ich richtig anständig. Sie hätten es ja organisieren können, daß die Leiche meines Mannes mit meinem Sohn zusammen nach Deutschland transportiert worden wäre und nicht separat.

HERR DREIER Um Gottes willen, Ihr Mann ist tot? Das hab ich nicht gewußt. Herzliches Beileid.

FRAU SCHUHMACHER Ja, was dachten Sie denn? Aber die haben alles bezahlt. Ich bin ja sofort nach Italien zurückgeflogen. Haben Sie erstattet: Hin- und Rückflug. Und den Rückflug doppelt. Also für meinen Mann, die Rückführung auch. Anstandslos. Muß ich wirklich sagen.

HERR DREIER Ach ja. Das ist ja wirklich mal erfreulich.

FRAU SCHUHMACHER Also, hoffentlich hat Ihre Frau den Schutzbrief.

HERR DREIER O ja, äh das ist natürlich wichtig. Da will ich mich dann gleich drum kümmern. *(Der Kunde vor ihnen ist fertig bedient worden und weggegangen.)*

FRAU SCHUHMACHER Ich glaub, Sie sind dran, Herr Dreier.

HERR DREIER Ach so. Ja. Nein danke, ich brauch keine Blutwurst mehr.

Der Urlaubsbazillus

Er sah ein bißchen aus wie Einstein. Er trank einen Kaffee. Neben mir in der Imbißhalle im Bahnhof. Neben sich hatte er eine Aktenmappe und holte plötzlich einen Schnellhefter mit handgeschriebenen Manuskriptseiten heraus. Ohne daß wir vorher ein Wort miteinander gesprochen hätten, fing er plötzlich an, erklärte mir – und sah dabei immer wieder in sein Manuskript: »Die Symptome sind einer Infektionskrankheit durchaus vergleichbar. Es muß einen Erreger geben. Ich nenne ihn vorerst: Vacantius homolitus rector: der Urlaubsbazillus. Als Hilfsbegriff. Ja, Sie lächeln. Ein Bazillus, das erscheint Ihnen absurd. Aber das ist gerade das Außergewöhnliche an meiner Theorie: ein parapsychologischer Bazillus, ein Phänomen aus dem Grenzbereich des Immateriellen. Er wirkt über die Psyche auf das Nervensystem, und zwar ansteckend, in epidemieartiger Verbreitung. Der Urlaubsbazillus.«

»Ja, ja«, sagte ich. »Die Leute haben alle eine Meise in der Urlaubszeit.«

»Ganz recht«, sagte er. »Aber was Sie so volkstümlich eine Meise nennen, hat seine Wurzeln im Esoterischen. Ich bin der erste parapsychologische Wissenschaftler, dem ein empirischer Nachweis des Bazillus gelungen ist.

Sehen Sie hier: In der ersten Hypothese habe ich es so formuliert: Der Urlaub. Zusammenfassender Begriff für den periodisch auftretenden Trieb des Menschenwesens zur selbstquälerischen Leidenserduldung. Obwohl mit dem Wort Urlaub geradezu euphorische Lusterwartungen verbunden sind, läßt sich anhand der rückbezüglichen Reiseberichte nachweisen, daß es sich in Wirklichkeit um die freiwillige Erduldung unbeschreiblicher Leiden und Entbehrungen handelt. Es ist deshalb auch von einer Urlaubssucht zu sprechen. Vacantia lomolucens.

Hören Sie die Originalzitate von Infizierten aus meiner Erhebung:

Eine 43jährige Hausfrau: ›In Griechenland gewesen. Dreizehn Stunden auf den Abflug gewartet. Halb wahnsinnig geworden!‹ Halb wahnsinnig, haben Sie es bemerkt? Fast alle Befallenen klagen über Geistesverwirrung infolge der erlittenen Strapazen.

Ein 38jähriger Versicherungskaufmann: ›Nach Italien. Dreimal drei volle Stunden im Stau. Vor der Grenze siebzig Kilometer Stau. Hertha vom Hubschrauber abtransportiert. Hitzschlag, sie ist immer noch halb tot!‹

Also lebensbedrohende Körperzustände aus metaphysischer Ursache.

Oder hier: eine besonders häufig wiederholte Schreckensaussage:

›Mallorca! Der ganze Strand eine Baustelle! Unvorstellbarer Krach! Habe vor Wut graue Haare bekommen!‹

»Ja, ja«, sagte ich. »Das hab ich auch schon erlebt. Die Freunde kommen ausm Urlaub und sagen: Ich bin völlig kaputt. Jetzt muß ich mich erst mal erholen.«

»Ein typisches Symptom! Deutet einwandfrei auf das parapsychologische Phänomen hin.

Hier, sehen Sie: alles ähnliche Originalaussagen von Infizierten. Psychoinfektion, aus Bakterienherden im immateriellen Bereich.

Höchst interessant übrigens die Tatsache: Alle beobachteten Personen verlassen freiwillig ihre gar nicht so ungemütlichen Heimatunterkünfte. 65 Testpersonen gehen gleichlautende Auskünfte wie etwa: ›Warum bin ich Idiot nicht zu Hause geblieben!‹ – ›Zu Hause hab ich meine Ruhe. Warum tu ich mir das an?‹ – ›Von diesen Strapazen müssen wir uns auf der Arbeit erst mal wieder erholen.‹

Das ist nicht zum Lachen! Das ist wissenschaftlich gesehen der Hinweis auf die Existenz des übersinnlichen Erregers. Immer dasselbe Verhaltensmuster: eben noch ausgeglichene Gemütszustände im sogenannten ordinären Arbeitsalltag. Aber dann plötzlich, mit Beginn der kalendarischen Urlaubsperiode: völlig unnatürliche Betriebsamkeit und Unruhe. Wie von Erdstrahlen gelenkt: ›Keine Zeit, ich muß Koffer packen!‹ – ›Keine Zeit, ich muß vorher die Wohnung in Ordnung bringen!‹ – ›Lassen Sie mich zufrieden. Ich brech zusammen. Morgen fahren wir in Urlaub!‹

Und diese Erkrankung geht durch alle Bevölkerungsschichten – vom Busfahrer bis zum Kanzler. Krankhafte Erregungszustände, lebensgefährlicher Streß. Zehn Prozent Herztote in der Startphase. Die Infizierten stürzen sich besinnungslos in Autos, Flugzeuge und Bahnen, setzen sich, auf engstem Raum zusammengepfercht, mörderischen Temperaturen aus. Physiognomischer Ausdruck deutet auf schwere geistige Deformationen hin. Dazu aber immer noch der für das Infektionsbild typische Ausspruch. ›Endlich ist Urlaub!‹ Infarkttod, Erstickungstod, diverse Arten des Exitus bei Wutanfall.

Eine herrliche Studie für uns Parapsychologen. Ein eklatanter Beweis für Verstandesmanipulation durch kosmisch-esoterischen Bazillenbefall. Kuriosität übrigens – die wenigen Fälle von Immunität. Drei oder vier Testpersonen, die standhaft aussagen: ›Ich mach dieses Jahr keinen Urlaub!‹ Diese Resistenz-Personen werden jedoch sofort von sogenannten Kollegen und anderen Mitmenschen besorgt angefallen mit Fragen wie: ›Sind Sie krank?‹ – ›Ach, bauen Sie etwa?‹ – ›Sie

Ärmster, das geht aber nicht. Sie müssen doch auch mal Urlaub machen!‹

Vacantius homolitus – der Urlaubsbazillus. Eine wunderbare Beweisstudie für die Existenz übersinnlicher Realitäten.«

Dann zahlte er seinen Kaffee. »Ja, ich muß jetzt schnell nach Hause«, sagte er. »Ich schreibe die Studie noch die ganze Nacht ab. Sie muß unbedingt noch vor meinem Urlaub fertig werden.«

Kinderpsychologie

Die Probleme mit den Kindern sind ja heute sehr vielschichtig. Neulich hat mir eine verzweifelte Mutter ihre Not geklagt. Ihre kleine Tochter stand daneben. Der Vater ist, glaube ich, Art-Director einer Werbeagentur.

»Ach Gott, ach Gott«, sagt sie, »ich war ja mit Isabelle sogar beim Kinderpsychologen. Man versucht ja einfach alles, um irgendwie dem Kind zu helfen. Aber Sie glauben es nicht: sie ist verstockt. Sie öffnet sich nicht. Sehen Sie sie sich an: sie gähnt schon wieder. Aus Bosheit, ich könnt ihr rechts und links was an die Ohren geben. Aber der Psychologe bei unserem Besuch hat nun wirklich alles versucht, sogar mit Pocemon-Figuren hat er rumgehampelt, obwohl die Psychologie sehr dagegen ist. Auf einem Bein ist der Mann vor meinem Kind auf und ab gesprungen – aber sie sitzt da und kann sich kein müdes Lächeln abringen. Gähnt ihn auch noch an. Wie jetzt schon wieder. Du sollst nicht immer gähnen, wenn andere Leute dabei sind!

Kriegt sie auch genügend Vitamine? fragt mich der Kinderpsychologe. Ich sage: Dr. Grünlein, beim Mediziner war ich doch schon. Dann wollte er natürlich wissen, ob meine Ehe in Ordnung ist. Haben deine Mama und dein Papa sich noch lieb? fragt er mein Kind. Ich sage, meine Ehe ist intakt. So wenig wie mein Mann zu Hause ist, ist das ja auch kein Wunder. Außerdem: was hat das mit Isabelles Müdigkeit und Interesselosigkeit zu tun? Isabelle! Halt wenigstens die Hand vor den Mund! Ob sie auch ein Tier als Freund hat, ein Meerschweinchen oder so? Ich sage: Herr Doktor, sie hat ein eigenes Pony. Aber das interessiert sie ja überhaupt nicht. Sitzt nur immer müde da und gähnt.

Dann er wieder: es könnte die vorpubertäre Phase sein. Ob sie schon einen Freund hätte, fragt er Isabelle.

Die sieht ihn an und gähnt. Ich sage: Da können Sie machen, was Sie wollen: Sie hat keine Initiative. Sie rafft sich nicht mal auf, am Abend eine Freundin anzurufen, mit der sie spielen könnte. Aber kein Problem, sagt er: drei, vier kinderpsychologische Sitzungen, und Sie werden sehen, unser kleines Herzblatt ist wieder munter wie ein Fisch im Wasser. Ja, und was kam dann? Dann hat er keinen Termin frei! Was hilft mir der beste Kinderpsychologe, wenn er sowieso keinen Termin frei hat! Gleich am Montag könnten wir beginnen. Aber am Montag geht's natürlich nicht – da hat sie doch Kirchenchor bis 17 Uhr und anschließend Nachhilfe in Mathematik und danach den Fechtkurs. Dann hätte er noch Mittwoch nachmittag. Ausgerechnet Mittwoch. Da hat sie von 14 bis 16 Uhr Computerfortbildung. Ob sie das nicht ausfallen lassen könnte? Weil er keine Termine frei hat. Aber ohne Computerkenntnisse – setz dich aufrecht hin, Isabelle, du liegst hier nicht im Bett, verstanden! – ohne Computerkenntnisse ist sie doch als Zehnjährige heute einfach aufgeschmissen.

Dann gings also auch am Mittwoch nicht, weil Dr. Grünlein seine Praxis natürlich schon um 18 Uhr zumacht, wenn Isabelle grad mit Ballett fertig ist. Psychologen wollen sie sein, aber unbeweglich mit den Terminen wie eine Behörde. Und so gings immer weiter: Dienstag hätte er noch was frei: »Wir malen, was uns Angst macht.« Was das nun sollte? Am Dienstag ist sie sowieso im Werkunterricht bei Professor Sonderburg. Da basteln sie mit natürlichen Materialien wie Holz, Papier und Lehm. Also dafür brauch ich doch auch keinen Psychologen, das machen wir ja schon selber. Andere

Uhrzeiten am Dienstag – immer ausgerechnet, wenn das Kind seine Termine hat. Die Klavierlehrerin kommt zu uns ins Haus, und dann fahr ich Isabelle noch zum Handarbeitskurs. Das halte ich für sooo wichtig, daß unsere Kinder in diesem technisierten Zeitalter doch irgendwie noch die elementaren handwerklichen Fertigkeiten erlernen. – Isabelle, hör auf, zu gähnen! – Na gut, was soll ich sagen: Tennis und Volkstanzgruppe, Blockflöte und Reitkurs, sowas läßt man doch nicht wegen der Psychologie einfach sausen.

Naja, zum Schluß haben wir uns dann doch noch geeinigt: Freitag um 16 Uhr ist jetzt die erste Sitzung. Aber stellen Sie sich vor: Da wird mein müdes Kind zum ersten Mal wach. Springt sogar auf und schreit: Aber Mama, am Freitag, da bin ich doch bei Annalina zum Geburtstag eingeladen! Aber sowas laß ich natürlich nicht durchgehen. Annalina hat nächstes Jahr auch noch Geburtstag, sag ich. Was fängst du denn jetzt an zu heulen? Das hat nun auch noch gefehlt. Nein, nein, nein, nein! Jetzt ist es erst mal wichtig, daß der Doktor dafür sorgt, daß du wieder fröhlich und munter wirst und nicht immer nur so herumhängst und kein Wort von dir gibst und … da sehn Sie's, da sehn Sie's: jetzt gähnt sie schon wieder.«

Die Sieger der Sieger

Reden wir mal übers Parkplatzproblem. Das wirkliche Leben, die Brutalität des Daseins, der Kampf ums Überleben – ich meine, das wäre doch alles ein Kinderspiel, wenn es genügend Parkplätze gäbe. Sehen Sie: es ist doch so: damit, daß Sie und ich auf der Welt sind, gehören wir schon mal grundsätzlich zu den Siegern. Denn wir haben ja schon mal Millionen Mitbewerber abgehängt – wir waren ganz vorne und haben es geschafft – also unsere kleine Spermie hat sich damals nach vorne gezappelt, wusel, wusel, wusel und mit letzter Kraft und raushängender Zunge: Tick! Ich bin Erster! Das war unsere Entstehung. Alle sind wir triumphale Sieger. Das sollten wir uns auch immer wieder klarmachen: Wen Sie und ich auch ansehen, liebe Leser, er oder sie ist ein Sieger, er war der Beste, der Größte, der Stärkste… na ja, da fragt man sich dann allerdings schon manchmal, ich will jetzt keine prominenten Namen nennen nein, nein – aber ich meine: wenn so einer der Beste war von Millionen, was müssen dann die anderen für Flaschen gewesen sein. Aber okay. Auch sie sind Sieger. Allerdings – das hätten wir vorher wissen sollen: was nützt es uns, als Sieger auf die Welt gekommen zu sein – und dann auf der Welt keinen Parkplatz zu finden? Da haben es die, die es nicht geschafft haben, jetzt wahrscheinlich besser. Das Wettrennen nämlich von damals, das Wettrennen im Uterus – hier auf der Welt geht es plötzlich weiter! Und zwar im Auto. Und da wird es nun erst richtig hart. Die Sieger der Sieger, das sind am Ende nur die, die nach dem ersten Rennen auch das zweite gewonnen haben: das Rennen nach dem Parkplatz! Ja, ein Ei zu finden, das war einfach. Aber einen Parkplatz in der City: *da* beginnt nämlich erst das Wunder des Lebens.

Ich kann mich noch genau erinnern: Als ich neunzehnhundertachtundneunzig einmal mitten in der City einen leeren Parkplatz sah, habe ich ihn sofort genommen und dort drei Stunden geparkt. Ich hatte gar nichts zu tun in der Stadt, ich wollte nur durchfahren – aber als ich den Parkplatz sah, habe ich einfach zugegriffen. Das ist nun viele Jahre her, aber ich werde es nie vergessen: ich denke so oft daran, wie ich damals in die Lücke fuhr, wie sie sich plötzlich vor mir auftat, diese auszufüllende freie Stelle zwischen zwei Schenkeln will ich mal sagen, ja, das ist der richtige Vergleich: man kann einfach nicht anders, man kennt kein Rechts und kein Links mehr, man wird gelockt und gezogen, o komm doch, o komm doch: hier bin ich, ich will dich: ich, dein Parkplatz. Und dann nichts wie rein. Und schon war ich drin. So oft denke ich noch daran, wie ich damals ausgestiegen bin und meinen Wagen abgesperrt habe – und natürlich stand da schon das nächste Spermium, äh … der Nächste, mein ich – und hatte diese Hoffnung im Blick, lieber Leser, die Sie auch immer haben, wenn Sie auf dem Parkplatz jemanden mit dem Schlüssel an seiner Autotür hantieren sehen: Fährt er weg? Fährt er weg? Schließt er auf? Natürlich fährt er nicht weg. Er schließt ab, geht davon und wirft Ihnen noch einen gleichgültigen Blick zu.

Persönliches Vergnügen

Helga ist Hausfrau. Zwei Kinder. Alleinstehend. Als das Baby gerade mal eingeschlafen war und die Zweijährige auf dem Topf saß, ergriff Helga die günstige Gelegenheit, bei der Krankenkasse anzurufen. Mit der Krankenkasse führte sie das folgende bemerkenswerte Gespräch.

HELGA Guten Tag. Ich rufe an wegen der Krankenversicherung für meine Kinder. Ich möchte gern wissen, ob sie mich und meine beiden Kinder aufnehmen können?

KRANKENKASSE *(Stimme einer freundlichen Dame)* Haben Sie Arbeit?

HELGA Oh ja!

KRANKENKASSE Wie hoch ist Ihr monatliches Einkommen?

HELGA Äh... mein Einkommen? Ich habe kein Einkommen.

KRANKENKASSE Augenblick: Sie sagten doch – Sie arbeiten?

HELGA Ja!

KRANKENKASSE Dann müssen Sie doch auch ein Einkommen haben. Die Höhe des Einkommens ist wichtig für die Beitragsbemessung.

HELGA Aber – ein Einkommen habe ich nicht.

KRANKENKASSE Das gibt's doch nicht. Wo arbeiten Sie denn?

HELGA Wo? – Ja, zu Hause.

KRANKENKASSE Also Heimarbeit – oder was?

HELGA Ja.

KRANKENKASSE Gut. Dann müssen Sie doch auch ein Einkommen haben. Also das Einkommen *(die Dame wird jetzt noch freundlicher, bekommt einen fürsorglichen Tonfall)* – Einkommen ist der Betrag – also das Geld, das Sie für Ihre Arbeit erhalten. Verstehen Sie mich?

HELGA Aber ich bekomme kein Geld.

KRANKENKASSE Kein Geld…? Dann haben Sie also doch keine Arbeit?

HELGA Ich habe soviel Arbeit, ich weiß gar nicht, wie ich das schaffen soll!

KRANKENKASSE Hören Sie mal! Was machen Sie denn zu Hause?

HELGA Was ich mache? Ich stehe morgens um halb sechs auf. Geb der Kleinen die Flasche. Zieh die beiden an, die Zweijährige ist zur Zeit krank – ich muß mit ihr zum Arzt – dann mach ich das Essen und muß kochen und die Wäsche und die Wohnung und…

KRANKENKASSE Ach so. Sie sind Hausfrau. Warum sagen Sie das denn nicht gleich? Dann sind Sie also arbeitslos?

HELGA Arbeitslos? Nein, ich… *(an dieser Stelle: ein markerschütternder Kinderschrei!)* Augenblick, ich muß mal eben… meine Arbeit… äh – meinem persönlichen Vergnügen nachgehen… ich ruf dann wieder an!

Tisch mit Tischtuch ohne Tischtuch

Auch für den gewöhnlichen Kunstdieb sind die Zeiten schwieriger und komplizierter geworden. Toni G., in einschlägigen Kreisen bekannt und geschätzt als zuverlässiger Kunst- und Gemäldedieb, sitzt bei sich zu Hause und liest gerade die Zeitung. Neben sich auf seiner Couch liegt ein zusammengefaltetes rotes Tischtuch.

Toni liest mit großem Interesse auf der letzten Zeitungsseite die Meldung: *TISCHTUCH GESTOHLEN – KUNSTWERK ENTWERTET Von Diebeshand ist am vorletzten Tag der Ausstellung »Möbel als Kunstobjekt« eines der gezeigten Werke entwertet worden. Wie das Kulturreferat mitteilt, entwendete am Samstag ein Kunstdieb das rote Tischtuch von dem Objekt ›Tisch mit Tischtuch‹ des Düsseldorfer Künstlers Reiner Ruthenbeck. Der Dieb schmuggelte das Tischtuch vermutlich unter dem Mantel aus den Ausstellungsräumen. Die Leihgabe des Bonner Kunstmuseums hat einen Versicherungswert von 35 000 DM ...*

Toni G. lächelt zufrieden beim Lesen dieser Zeilen. Aber dann plötzlich verfinstert sich seine Miene. Denn er liest weiter:

... allerdings nur der Tisch. Das verschwundene Tischtuch, das etwa 2,50 m lang ist, hat nur einen geringen Wert von ein paar DM. Deshalb hofft man, daß der Dieb sich vielleicht nur einen Jux machen wollte und das Stück Stoff ans Museum zurücksendet.

»Wie bitte? Was ist los?« schreit Toni G. und springt vom

Sofa auf. »Einen Jux? Verdammt noch mal, ich habe dieses verfluchte Tischtuch für meinen Auftraggeber in den USA geklaut. ›Bringen Sie mir das Tischtuch‹, lautete sein Auftrag. ›Ohne Tischtuch ist der Tisch nichts mehr wert. Denn die Kunst ist das Tischtuch auf dem Tisch. Darum heißt es ja ›Tisch mit Tischtuch!‹ Und jetzt? Was soll denn das heißen?«

Toni G. versteht die Welt nicht mehr. Daß ein Tisch mit Tischtuch ein Kunstwerk sein soll, ist ihm ja sowieso schleierhaft. Aber was geht ihn das an? Als Kunstdieb kann es ihm doch nur recht sein.

Aber jetzt hinterher einfach einen Teil des Kunstwerks wieder zum einfachen Tischtuch zu erklären – das macht ihn rasend! »Nee, meine Herren«, ruft er aus. »Das könnt ihr nicht machen mit mir! Dann kann ich doch viel eher behaupten: Euer Tisch ohne Tischtuch ist nichts mehr wert. Ein Kunstwerk ›Tisch mit Tischtuch‹ ohne Tischtuch ist doch nicht mehr das Kunswerk ›Tisch mit Tischtuch‹. Und überhaupt: Als das Tischtuch, das ich geklaut hab, noch auf dem Tisch lag, haben unten vom Tisch nur ein paar Beine rausgekuckt.«

Sein Auftraggeber aber hat ihm das Tischtuch nicht abgenommen. Jedenfalls hat er ihm nicht, wie ausgemacht, 15 000 Mark dafür bezahlt. Er konnte ja nicht wissen, behauptete der Auftraggeber, daß das Tischtuch allein gar kein Kunstwerk mehr ist.

Toni G. aber ist in seiner Berufsehre gekränkt und zutiefst erschüttert: »Wenn ein Kunstwerk, das einmal zum Kunstwerk erklärt war, plötzlich wieder entkunstet werden kann – wer soll sich denn da noch auskennen?«

Du liebst mich ja doch noch

Manchmal – das muß man ja festhalten – manchmal geht es auch gut, wenn Mann und Frau längere Zeit zusammen wohnen. Dann kann es sogar vorkommen, daß sozusagen einer in den andern übergeht oder beide ineinander, ja, daß sie nach längerem Zusammenleben gar nicht mehr wissen, wer sie eigentlich sind.

Dann passiert es, daß einer vom andern schon immer im voraus weiß, was der gleich sagen wird. Sie fahren zum Beispiel Auto, er sitzt am Lenker und biegt grade auf die Bundesstraße und gibt etwas mehr Gas. Im gleichen Augenblick sagt er: »Ich fahr nicht zu schnell. Ich fahr genau 100.« – »Ich hab doch gar nichts gesagt«, sagt sie. »Aber du wolltest es grade wieder sagen.« – »Wollte ich nicht.« – »Wolltest du doch. Seh ich doch schon an deinem Gesicht.« – »Ach was.« Und nach ein paar Sekunden. »Und trotzdem fährst du zu schnell.« – Oder sie sitzen draußen im Garten. Er liest, sie steckt sich eine Zigarette an. »Ich weiß, ich soll nicht soviel rauchen.« – »Wer sagt das?«, fragt er. – »Das wolltest du doch grade wieder sagen.« – »Hab ich aber nicht gesagt.« – »Ich mecker ja auch nicht, wenn du deinen Korn trinkst. Da kriegt man nämlich auch Krebs von.« – »Was regst du dich auf. Ich hab doch gar nichts gesagt.« – »Wolltest du aber doch. Kaum steck ich mir mal ne Zigarette an, schon geht das los: Rauch nicht soviel.« – »Woher willst du wissen, was ich sagen *wollte*?« – »Das weiß ich eben.« – »Ich *hab* es aber doch nicht gesagt.« – »Ich laß mir jedenfalls nichts vorschreiben.« Und dann nach einer ganzen Weile: »Das ist aber auch schon die dritte heute, Rosi!«

Was häufig übersehen wird: So ein richtig aufrichtiger, tief verwachsener Haß bindet zwei Menschen ja viel stärker aneinander als die meist von selbst verduftende sogenannte Liebe. Ich behaupte: Mann und Frau, wenn sie lange genug zusammenleben und sich dann allmählich so richtig von Herzen und abgründig verabscheuen – die können und wollen sich gar nicht mehr trennen. Wer sich von einem Menschen trennen muß, den er liebt, der hat Schmerz und Trauer und Selbstmordgedanken. Aber sich zum Beispiel nach zwanzig Ehejahren oder Jahren des Zusammenseins, wo der Haß schon richtig tief sitzt, zu trennen – das schafft doch keiner. Außer wenn man den anderen umbringt – aber auch das ist nicht die Lösung. Man möchte ja seinen Partner nicht nur ein einziges Mal verletzen, sondern ihn quälen und immer wieder erniedrigen, sooft und solange es geht.

Berühmt ist ja schon die hochpsychologische Joghurt-Vergiftung-Szene. Beide wohnen mindestens schon 15 Jahre zusammen. Er liest morgens beim Frühstück die Zeitung: Oh, da haben wieder irgendwelche Lebensmittelvergifter eine Joghurt-Marke im Supermarkt vergiftet. Im selben Augenblick stellt sie ihm einen Joghurtbecher vor die Nase. »Da hast du deinen Joghurt.« Er hatte wieder mal gemeckert, daß kein Joghurt da war. Er nimmt den Joghurtbecher in die Hand und sagt ganz nüchtern: »Würdest du bitte mal probieren?« Und sie: »Wieso, der ist frisch. Sieh dir das Verfallsdatum an.« – »Ja, gut«, sagt er, »aber vielleicht ist er vergiftet.« Und zeigt ihr den Artikel in der Morgenzeitung: *Müller-Joghurt: Lebensmittelvergifter fordert 10 Millionen.* – »Na und«, sagt sie. »Kannst du nicht lesen? Ich habe Maier-Joghurt gekauft.« – »Meier oder Müller«, sagt er, »woher soll ich denn wissen, ob diese Verbrecher das nicht verwechseln?« – »Ach das ist ja interessant, du denkst, er könnte vergiftet sein – und dann soll ich zuerst probieren?« – »Ja, sicher«, sagt er. »Du hast ihn doch gekauft und setzt ihn mir vor.« – »Ich habe Maier-Joghurt gekauft, und der ist auf keinen Fall vergiftet.« – »Na gut«, sagt er, aufreizend ruhig, »wenn du so sicher bist, dann kannst du ihn ja auch probieren.« – Sie kriegt hektische Flecken im Gesicht. »Wieso denn ich? Wenn du denkst, er könnte vergiftet sein – wieso soll ich dann zuerst probieren!« – Und dann wieder er: »Ja, du würdest doch nicht zögern, zu probieren, wenn du wirklich hundertprozentig wüßtest, daß er nicht vergiftet ist.« – Es wird immer schlimmer für sie, sie kommt schon in Panik. »Ach nein«, sagt sie, bereits den Tränen nahe, »du rechnest damit, daß er vergiftet ist, und läßt darum erstmal mich probieren. Wunderbar. Denn angenommen, er wäre wirklich vergiftet, dann würde ja ich daran sterben und nicht du! Großartig. Da sieht man es wieder!« – »Aber, Liebling«, immer noch aufreizend ruhig, »du behauptest, daß dieser Joghurt auf gar keinen Fall vergiftet ist – und trotzdem willst du ihn nicht probieren. Das ist doch zumindest verdächtig. Was soll ich denn davon denken?« – »Ich will nicht probieren, weil du es mir zumutest, zuerst zu probieren, mir, der Frau, die du mal geliebt hast!« – Aber er ist gnadenlos. »Wieso denn zumutest? Du *weißt* doch, daß er nicht vergiftet ist, dann ist das doch keine Zumutung!« – »Ist es doch! Weil du es ja für möglich hältst, daß er vergiftet ist.« – »Liebling, warum regst du dich denn so auf?« – »Ich rege mich nicht auf.« Sie ist am Ende. »Ich habe nur endlich begriffen, daß es dir überhaupt nichts ausmachen würde, wenn ich sterbe.« Er lächelt. Immer noch ganz ruhig: »Weißt du, was ich jetzt glaube? Ich glaube, der Joghurt ist tatsächlich vergiftet, und du weißt das. Du hast ihn mir tatsächlich vorgesetzt, um mich zu vergiften. Denn so hysterisch wie du reagiert ja nur jemand, der etwas zu verbergen hat.« – Jetzt ist sie endgültig am Boden. Was ihr so weh tut, ist, daß er nicht begreift, was sie so kränkt, wie es überhaupt möglich ist, daß er sie probieren lassen will. Er hat das natürlich begriffen, aber er tut so, als würde er es nicht begreifen, weil er nämlich gekränkt ist, daß sie es tatsächlich für möglich hält, er würde sie wirklich zuerst probieren lassen, wenn er überzeugt wäre, daß der Joghurt vergiftet ist. Aber das begreift sie natürlich nicht, und darum geht sie nun zum offenen Angriff über. »Ja«, sagt sie, »ja, ich habe ihn vergiftet! Ich habe mir gedacht: Das ist ja *die* Gelegenheit. Ich vergifte den Joghurt einfach selbst, und jeder denkt: es war der Lebensmittelvergifter. Aber du, du bist tot!« Da kann er ja nur lachen. »Nein, Liebling, ich glaube wohl, daß du mich gern mal umbringen würdest. Aber das schaffst du nicht. Dazu bist du viel zu brav und bürgerlich. Also: ich esse jetzt deinen Joghurt.« – »Iß! Iß!«, ruft sie. »Ich will, daß du tot bist!«

Er lächelt wieder gemein und ißt nun den Joghurt. Einen Löffel und noch einen Löffel. Beim dritten Löffel ringt er plötzlich nach Luft, sein Kopf knallt mitten in das Rührei vor ihm auf dem Frühstückstisch. Sie springt auf, ringt die Hände. »Um Gottes willen! Heiner! Heiner! Was ist? Das kann doch gar nicht wahr sein. Heiner! Heiner! Bitte, bitte wach auf.« – »Hahahaha!« er kommt aus dem Rührei wieder hoch und lacht gehässig, »du liebst mich ja doch noch.«

Und sie, anstatt das große Küchenmesser zu nehmen und ihn wirklich umzubringen, lebt weitere zehn Jahre mit ihm zusammen.

Am Ende siegt immer das Gute

Wo das Gute siegt, ist das Ende.
Das Böse siegt immer am Anfang.
Wenn das Ende kommt, kommt das Gute.
Wenn das Gute siegt, ist alles zu Ende.

Am Anfang siegt das Böse.
Aller Anfang ist schwer.
Das Böse hat es schwer. Am Anfang.

Am Ende verliert immer das Böse.
Das Böse ist am Ende immer am Ende.
Das Ende ist der Anfang des Guten.
Wäre das Ende der Anfang
und der Anfang der Anfang des Guten,
wäre das Ende des Bösen der Anfang.

So aber:
Siegt immer das Böse.
Bis zum Ende.

Bryan Forbes im dtv

Der Code
Roman · dtv 20022

Als Martin seinen alten Freund Henry auf dem Flughafen
von Venedig sieht, trifft es ihn wie ein Schlag, denn Henry
ist seit etwa einem Jahr tot. Noch bevor Martin ihn ansprechen kann, ist der andere auch schon wieder verschwunden.
Seine Suche führt Martin auf die Spur eines dunklen
Geheimnisses. Wer war der Jugendfreund wirklich? Und
was wurde aus Sophie, der Frau, die beide Männer einmal
geliebt haben? Was weiß sie? – »Beste Thriller-Unter-
haltung.« (Brigitte)

Das gefönte Kaninchen, Tannengrün
und der Tag danach
Roman · dtv großdruck 25171

Weihnachten steht vor der Tür. Die Chivers rüsten sich für
das Fest der Feste, für den Ansturm von ihren Kindern,
Verwandten und Freunden. Der Baum ist prächtig ge-
schmückt, auch wenn der Engel an der Spitze leichte
Ermüdungserscheinungen zeigt. Kate und Tony Chivers
haben sich fest vorgenommen, nett zu sein und keine bos-
haften Bemerkungen zu machen. Aber wie es meist mit
guten Vorsätzen geschieht – sie lassen sich nicht ganz ein-
halten. Ein stolpernder Großvater, ein flatterhafter Sohn,
die Probleme von Tochter Jenny, die geistige Wiedergeburt
von Onkel Roger und nicht zuletzt das gefönte Kaninchen
sorgen für einige Aufregung vor, während und nach dem
Fest. – »Eine herrliche Mischung aus Sarkasmus, Sentimen-
talität und Galgenhumor.« (Der Spiegel)

Eugen Roth im dtv

»Eugen Roth ist ein Mann, der nicht nur ›das Licht der
Welt erblickte‹, sondern der aus dieser Tatsache, trotz
Widerwärtigkeit und ›manch trüb verbrachtem Jahr‹,
auch ein rundes, heiteres, weises Ganzes machte.«
Der Tag, Berlin

Ernst und heiter
dtv 10

Ein Querschnitt durch das Schaffen eines Autors, der durch
seine heiteren Versbände, aber auch durch seine ernsten Gedichte und Erzählungen seit Jahrzehnten eine große Leser-
gemeinde erfreut.

So ist das Leben
Verse und Prosa
dtv 908

»Solange ein Mensch Lust und Muße findet, sich so zu
beklagen, so lange kann noch nicht alles verloren sein.«
(Joachim Kaiser)

Das Eugen Roth Buch
dtv 1592

Eine umfassende Sammlung von heiteren Versen und ernsten Gedichten, von Anekdoten und Erzählungen.

Je nachdem
Heitere Verse und Gedichte
dtv 1730

Eugen Roth ist nicht nur ein scharfzüngiger Menschen-
kenner, er hat auch die einzigartige Fähigkeit, den Regungen
der Seele nachzuspüren und sie im Spiegel der Natur zu
empfinden.

Franz Hohler im dtv

»Ich möchte ein Zeitgenosse sein, der dasselbe Augen-
und Ohrenpaar zur Verfügung hat wie alle, die gerade
leben, der aber vielleicht ausspricht, was andere nur
denken. Einer, der auch Unbehagen artikuliert.«

Der neue Berg
Roman · dtv 11833

In Zürich bebt die Erde. Eigentlich ganz harmlos. Nun ja,
einige Risse zeigen sich am Hügel über dem Keltengrab.
Auch als die Erdkruste weiter auseinander bricht, sind die
Fortschrittshörigen nicht sehr beunruhigt … »Hier wird das
Befremdliche im Allzubekannten sichtbar, die Absurdität
einer Zivilisation, gegen die sich der Angriff aus den Tiefen
richtet.« (Neue Zürcher Zeitung)

Die Rückeroberung
Erzählungen · dtv 12008

Die blaue Amsel
dtv 12558

Franz Hohlers Geschichten sind Erkundungsreisen. Im ver-
meintlich grauen Alltag entdeckt er die kleinen Wunder und
unerwarteten Abgründe. Mal ernsthaft, mal mit dem
Augenzwinkern, das er auch als Kabarettist so glänzend beherrscht. »Er demonstriert eindrucksvoll, wie kongenial die
(wenigstens!) zwei Seelen in der Brust eines derart doppelt
kreativen Sprachprofis einander zum Vergnügen des Lesers
inspirieren können.« (Tages-Anzeiger)

Die Steinflut
Eine Novelle · dtv 12735

»Auf einzigartig sensible Weise versetzt sich Hohler in die
Seele eines siebenjährigen Mädchens.« (Stuttgarter Zeitung)

Erich Kästner im dtv

»Erich Kästner ist ein Humorist in Versen, ein gereimter
Satiriker, ein spiegelnder, figurenreicher, mit allen
Dimensionen spielender Ironiker ... ein Schelm und
Schalk voller Melancholien.«
Hermann Kesten

**Doktor Erich Kästners
Lyrische Hausapotheke**
dtv 11001

**Bei Durchsicht meiner
Bücher**
Gedichte · dtv 11002

Herz auf Taille
Gedichte · dtv 11003

Lärm im Spiegel
Gedichte · dtv 11004

Ein Mann gibt Auskunft
dtv 11005

Fabian
Die Geschichte eines
Moralisten
dtv 11006

**Gesang zwischen den
Stühlen**
Gedichte · dtv 11007

Drei Männer im Schnee
dtv 11008
dtv großdruck 25162

**Die verschwundene
Miniatur**
dtv 11009

Der kleine Grenzverkehr
dtv 11010

Der tägliche Kram
Chansons und Prosa
1945–1948
dtv 11011

Die kleine Freiheit
Chansons und Prosa
1949–1952
dtv 11012

Kurz und bündig
Epigramme · dtv 11013

Die 13 Monate
Gedichte · dtv 11014

**Die Schule der
Diktatoren**
Eine Komödie · dtv 11015

Notabene 45
Ein Tagebuch · dtv 11016

Ingo Tornow
**Erich Kästner und
der Film**
dtv 12611

**Das große Erich Kästner
Lesebuch.**
Hrsg. von Sylvia List
dtv 12618

Joseph von Westphalen im dtv

»Westphalen schreckt vor nichts zurück.«
Prinz

Im diplomatischen Dienst
Roman · dtv 11614
Frauenliebhaber Harry von Duckwitz ist unangepaßt, zynisch, unpolitisch – und ausgerechnet Diplomat geworden … Ein scharfzüngiger Schelmenroman.

Das schöne Leben
Roman · dtv 12078
Harry von Duckwitz versucht den Zusammenbruch seines Vielfrauenimperiums zu verhindern und eine neue Weltordnung zu schaffen.

Die bösen Frauen
Roman · dtv 12525
Harry von Duckwitz versucht sich als erfolgloser CD-Produzent und erfolgreicher Möbelhändler – und natürlich in der Liebe.
»Harry von Duckwitz, das ist nicht einer, das ist nicht keiner, das ist der letzte, der Einspruch sagt, bevor die Welt sich selbst ad acta legt. Harry von Duckwitz ist ein lebenslanges Plädoyer, mit drei Frauen im Arm.« (Frankfurter Allgemeine Zeitung)

Das Drama des gewissen Etwas
Über den Geschmack und andere Vorschläge zur Verbesserung der Welt
dtv 11784

High Noon
Ein Western zur Lage der Nation
dtv 12195
»Ein Rundumschlag gegen das gesammelte Geisterbahnpersonal der Republik.« (Nürnberger Nachrichten)
»Deprimierend schön.« (Frankfurter Rundschau)

Die Liebeskopie
und andere Herzensergießungen eines sehnsüchtigen Schreibwarenhändlers
dtv 12316
Nachrichten über die Liebe und übers Internet.

Die Geschäfte der Liebe
dtv 12665
Bissige, boshafte und brillante Geschichten.
»Wenn es jemanden gibt, der hierzulande die Kunst der kurzen Form beherrscht, dann steht Westphalen an erster Stelle.« (Münchner)

Rafik Schami im dtv

»Meine geheime Quelle ist die Zunge der anderen. Wer erzählen will, muss erst einmal lernen zuzuhören.«
Rafik Schami

Das letzte Wort der Wanderratte
Märchen, Fabeln und phantastische Geschichten
dtv 10735

Die Sehnsucht fährt schwarz
Geschichten aus der Fremde · dtv 10842
Erzählungen vom ganz realen Leben der Arbeitsemigranten in Deutschland.

Der erste Ritt durchs Nadelöhr
Noch mehr Märchen, Fabeln & phantastische Geschichten
dtv 10896

Das Schaf im Wolfspelz
Märchen & Fabeln
dtv 11026

Der Fliegenmelker und andere Erzählungen
dtv 11081

Märchen aus Malula
dtv 11219
Geschichten voller Zauber, Witz und Weisheit des Orients.

Erzähler der Nacht
dtv 11915
»Ein Plädoyer für mehr Güte und Liebe.« (Susanne Kippenberger)

Eine Hand voller Sterne
Roman · dtv 11973
Alltag in Damaskus.

Der ehrliche Lügner
Roman · dtv 12203
Wie man mit Lügen ehrliche Arbeit leistet.

Vom Zauber der Zunge
Reden gegen das Verstummen
dtv 12434

Reisen zwischen Nacht und Morgen
Roman · dtv 12635

Gesammelte Olivenkerne
aus dem Tagebuch der Fremde
dtv 12771

Milad
Von einem, der auszog, um einundzwanzig Tage satt zu werden
dtv 12849

Max von der Grün im dtv

»Max von der Grün kennt die Leute, die er beschreibt,
er weiß, wie sie reden, was sie denken, er hat mit ihnen
gelebt und vermag sie mit sicherem Griff darzustellen…«
Hans Albert Walter in der ›Zeit‹

**Männer in zweifacher
Nacht**
Roman · dtv 11829
Als Werkstudent auf einer
Zeche im Ruhrgebiet.

Stellenweise Glatteis
Roman · dtv 11830
Ein Arbeiter in einem
Dortmunder Betrieb deckt
einen Abhörskandal auf…

**Leben im gelobten Land
Ausländer in Deutschland**
dtv 11926
Menschen verschiedener
Nationalitäten, die in
Deutschland arbeiten, er-
zählen von ihrem Leben,
von ihren Erwartungen
und Enttäuschungen.

Fahrt in den Morgen
Erzählungen · dtv 11994
21 Erzählungen aus dem
Ruhrgebiet.

**Zwei Briefe an
Pospischiel**
Roman · dtv 11996
Paul Pospischiel, Arbeiter
in einem Dortmunder

Elektrizitätswerk, erhält
einen Brief von seiner
Mutter, der existenz-
bedrohende Folgen hat.

Wie war das eigentlich?
Kindheit und Jugend im
Dritten Reich
dtv 12098
Max von der Grün, Jahr-
gang 1926, erzählt seine
Jugendgeschichte, die
Geschichte seiner Familie
und darüber hinaus die
Geschichte einer Epoche
totalitärer Herrschaft.

Die Lawine
Roman · dtv 12149
Ein Mann wird erhängt
aufgefunden. Er hinterlässt
Frau und Kinder, eine ju-
gendliche Geliebte, eine
Fabrik und ein Testament,
das ohne Beispiel in der
bundesdeutschen Unter-
nehmensgeschichte ist…

Späte Liebe
Erzählung
dtv großdruck 25155
Kann man sich mit siebzig
noch verlieben?

Ilija Trojanow im dtv

Die Welt ist groß und Rettung lauert überall
Roman · dtv 12654

Alex' Eltern ertragen den Alltag unter der Diktatur in ihrem Heimatland nicht länger, und hinter dem Horizont lockt das gelobte Land. Doch schon bald nach der Flucht zeigt sich, daß sie nicht nur einen Gobelin und die Großeltern zurückgelassen haben. Denn zwischen Traum und Wirklichkeit liegen Welten. Jahre später geht Alex an der Hoffnungslosigkeit des Exils beinahe zugrunde, aber da trifft er seinen Taufpaten vom Balkan wieder ...

Autopol
in Zusammenarbeit mit Rudolf Spindler
dtv 24114

Sten Rasin mag das schöne neue Europa des 21. Jahrhunderts nicht. Doch bei der jüngsten Aktion seiner Widerstandsgruppe wird er geschnappt. Einmal zu oft. Er wird »ausgeschafft«, dorthin, von wo es kein Zurück gibt – nach Autopol, zu den anderen, die man draußen nicht will, vor denen man Angst hat. Aber Rasin ist kein gewöhnlicher Krimineller. Er ist Idealist, ein Kämpfer, und er will zurück in die Freiheit. Schnell schafft er sich auch in Autopol Verbündete ... ›Autopol‹ entstand als *novel in progress* im Internet, zusammen mit der ›aspekte‹-Online-Redaktion. Aus dem literarischen Experiment ist eine spannende Science-fiction-Story geworden, ein Buch mit neuen Dimensionen.